交流分析諮商

江原麟 譯

Transactional Analysis Counselling

Phil Lapworth
Charlotte Sills
Sue Fish

❀ 作者簡介 ❀

Phil Lapworth

合格教師，大學諮商技巧與系統整合心理治療學歷

　　Phil Lapworth 是英國諮商協會（BAC）合格諮商師，也是國際交流分析協會（ITAA）合格交流分析師（Certified Transactional Analyst）。他透過在倫敦的特殊教育工作，進入到諮商領域。擔任 **metanoia** 心理治療訓練機構的臨床服務部門主任多年之後，現在在西倫敦與 Bath 從事心理治療與督導工作。

Charlotte Sills

教育碩士，大學系統整合心理治療學歷

　　Charlotte Sills 是國際交流分析協會合格教育督導交流分析師（Certified Teaching and Supervising Transactional Analyst）。她在私人診所擔任諮商與心理治療工作，並在許多心理健康機構從事教育訓練與督導工作。她特別對於哀悼過程的諮商感興趣，同時也使用交流分析在處理個人、團體、配偶、團體與組織的工作上。她目前擔任 **metanoia** 心理治療訓練機構的交流分析訓練主任。

Sue Fish

大學社會科學、教育學、語言與戲劇、神經語言與諮商學歷

　　Sue Fish 是國際交流分析協會合格教育督導交流分析師，也是大英國協完形心理治療訓練機構的師資會員（Teaching Member of the Gestalt Psychotherarpy Training Institute of Great Britain）。她在兒童與青少年的矯正與治療工作上，受過深入廣泛的訓練，並有豐富的經驗，曾經主管某一為偏差青少年設置的機構多年。她是 **metanoia** 心理治療訓練機構的創辦主管，她在該機構從事兒童、家庭與成人的心理治療工作，也從事交流分析與完形治療的訓練與督導工作。

✿譯者簡介✿

江原麟

國立陽明醫學大學醫學院醫學系畢業

曾任：嘉義基督教醫院內科住院醫師

　　　台北市立療養院精神科住院醫師、總醫師

現任：財團法人長庚紀念醫院基隆長庚精神主治醫師

　　　中華溝通分析協會理事長

著作：《中西醫會診：憂鬱症》（陳志根、江原麟、林勝文合著，

　　　2000，書泉出版社）

❀ 致謝 ❀

我們要感謝我們的友人以及同事：Roy Bailey——此系列叢書的編輯；Petruska Clarkson，她鼓勵我們撰寫這本書，我們在過去幾年間受教於她，因她與我們分享的知識、技巧與創意，豐富了我們的專業，她在理論發展上的貢獻，已經對交流分析界產生重大的影響，她的貢獻以及在 **metanoia**（這是她與 Sue Fish 共同發展的機構）的工作，為這本書提供了相當大的基礎。同時也要感謝 Maria Gilbert 扮演我們的「專業讀者」，更進一步地督促我們學習嚴謹與清晰，我們希望在本書中，可以充分地反應出這些特質；感謝 Barbara Porter 提供我們第十一章案例中的個案資料；感謝 Leo Lapworth 貢獻電腦繪圖的技巧，以及他對所有繪圖的耐心與嚴謹態度。

特別要感謝 Stephen Karpman、Marilyn J. Zalcman 以及 Muriel James，因為他們的慷慨允諾，允許我們刊載他們的圖解——圖 16、18 以及 22。

作者群也要彼此感謝，因為在整個著作的過程中，大家都保持合作的態度，發揮創意並且情緒愉快。Sue 與 Charlotte 特別要感謝 Phil，因為他是主要的作者，為本書的內容以及溝通協調，做了許多額外的工作。

我們想對個案、受訓以及接受督導的學生們表達感謝與敬意，他們在諮商中對我們的教導遠勝過書本所給予的，因此我們要把這本書獻給他們。

❋ 序言 ❋

交流分析簡史

　　Eric Berne（1910-70），交流分析的原創者，是在加拿大出生的精神科醫師，他在一九四一年開始在紐約精神分析機構（New York Psychoanalytic Institute）接受精神分析訓練。他的分析師是 Paul Federn，是 Freud（佛洛伊德）的學生。在他開始寫作交流分析之前，他的著作本質上較為精神分析取向，正如他在著作 *The Mind in Action*（London: John Lehmann, 1949）的表現一般。

　　在一九四三年，Berne 的學習受到服役的影響而中斷。就是在此刻，他開始執行團體心理治療，並且發展直覺以及觀察技巧，稍後成為他對自我狀態的觀察與定義的基礎。在一九四九年與一九六二年之間，他發展這些觀念，並且在許多的期刊中發表，這些文章稍後被集結發表在 *Intuition and Ego States*（ed P. McCormick, San Francisco: TA Press, 1977）當中。一九五八年，他的觀念首次發表在《美國心理治療期刊》（*American Journal of Psychotherapy*），標題為「交流分析：一種團體心理治療新的有效方法」（Transactional Analysis: A New and Effective Method of Group Therapy）。他陸續出版八本著作，以及許多以交流分析為主題的文章。他的最後一本著作 *What Do You Say After You Say Hello？*，被視為他最博學與涵蓋範圍廣泛的著作，在他死後

於一九七二年出版。這本書充滿作者的創造力、原創力、以及聰明才智，受到大眾的熱烈歡迎。

　　Berne 退伍之後，繼續在三藩市精神分析機構（San Francisco Psychoanalytic Institute）接受精神分析的訓練，並且接受 Eric Erikson 的分析訓練。但是，或許是因為他的非正統性與創新的概念（特別是關於人們可以接受幫助，改變得比接受傳統精神分析更快的概念），所以他從來都沒有被認同為精神分析界的一員。很顯然地，Berne 受到精神分析的吸引——他大部分的著作均證實他對精神分析的尊敬，以及珍惜他所擁有的精神分析思想；但是他認為精神分析過於僵化、太麻煩、太複雜、太精確，也太過緩慢。於是他投注心力，結合個人與社會精神醫學，成為一致的系統，他稱為「交流分析」（transactional analysis, TA）。

　　一九五八年，大約是在他的第一本著作出版時，Berne 開始舉辦研討會——他們稱為三藩市社會精神醫學研討會（San Francisco Social Psychiatry Seminars）——討論並發展交流分析的概念。有六個人參加初次的聚會。在第一年年終，出席情況以及交流分析理論的建構有了快速的發展，於是有了簡介課程（稱為 101，延續至今，成為基礎課程）以及進階課程（稱為 202）。到了一九六二年，首期《交流分析季刊》（*Transactional Analysis Bulletin, TAB*）出版，後來成為《交流分析期刊》（*Transactional Analysis Journal, TAJ*），接下來的一年，第一次的年度夏季研討會開始舉辦。在一九六〇年代中期，三藩市研討會被改名為國際交流分析協會（International Transactional Analysis Association, ITAA）。經過這一段時間，直到他在一九七〇年過世為止，Berne 持續發展交流分析的理論。

　　國際交流分析協會目前已經有超過八千位會員，散佈全世界，並且在一九七六年因歐洲交流分析協會（European Association for Transactional Analysis, EATA）的成立，獲得更多的互補性，歐洲交流分析協會目前負責制定歐洲地區的訓練標準以及執照審核。兩個協會各自有其受到敬重的考核組織，並且對交流分析理論、組織發展、維護期刊以及研討會標準的發展與促進有所貢獻。

　　英國有它自己的交流分析機構（Institute of Transactional Analysis, ITA），出版每年三期的期刊、ITA通訊，監督英國的交流分析專業與倫理，並且組織年度的研討會。

作者案：本書中的許多案例取材自真實的諮商會談。並且去除或者改變個案真實
　　　　的身分，用以維護個案的權益。

X 交流分析諮商

❀ 譯者序 ❀

　　譯者接受交流分析訓練多年，並且在臨床諮商與心理治療，以及住院醫師教學工作上，運用交流分析的理論與技巧，深感交流分析理論與技術的深入淺出、實用與有效。根據國際交流分析協會標準，交流分析在台灣，擁有完整的訓練課程以及嚴格的考核標準，包括理論、自我成長與分析、臨床工作督導等。然而，在理論的研讀、運用與溝通上，則仍受限於中文譯本的缺乏，以致一般不習慣於使用英文閱讀之讀者，望之卻步，或者造成對交流分析理論的誤解與扭曲。於是，雖然交流分析在台灣的發展已經有二十年的時間，仍受到相當大的侷限與障礙。譯者擔任中華溝通分析協會（Taiwan Transactional Analysis Association）理事長以來，期望推廣更為深化之交流分析訓練，於是推動交流分析文獻的翻譯工作。由於本書具備基礎入門與深入論述之雙重特質，可以平衡出版發行實務需求，以及專業推廣的功能。期望本書的翻譯發行，可以在目前大眾化的交流分析叢書中，引介更為深入介紹交流分析理論之專業教科書，對紮根交流分析教育訓練工作有所助益。

　　本書內容關鍵名詞 transaction 一詞的譯文，在目前國內現有論述交流分析之書籍當中，僅有遠流出版社出版之《保持最佳狀態》以及心靈工坊出版之《心理治療入門》，採用「交流」一詞，絕大部分交流分析譯作，常用的翻譯名詞均為「溝通」。「溝通」一詞在中文的語義上，關係到「通」與「不通」的問題，有表示溝渠不通，而需加

以疏通之意，抑或代表意見融洽通暢之可能，強調的重點在於交往之間的「通與不通」，而非「交往」與「交流」本身。雖然交流分析內容也涵蓋並處理交流中的阻礙與「不通」（例如，個體間的交錯交流、內在自我狀態間的癥結等等）；然而，交流分析使用的「transaction」一詞，實為指涉廣義之：雙向溝通（two-way communication）、交換（exchange）、交流與交易（transaction）、交往（association）、互動（interaction）、接觸（contact）等之意義，強調的是不同方之間（精神內在或者個體間）的流動。此外，「溝通」一詞在通俗的使用上，較被一般大眾所認同的是語言與個體間、人際上的溝通，運用此一名詞，可能受到誤解，而窄化了交流分析的內涵與意義。因此譯者認為包含「溝通」、「交換」、「交流」、「交易」、「交往」、「互動」與「接觸」，包容性廣之「交流」一詞，較能貼切反應出交流分析中 transaction 一詞的原意，故在譯詞的選擇上，捨目前常用並為大眾熟悉之「溝通」一詞，「正名」為「交流」。

交流分析發展至今已經具備完整之體系，國際交流分析協會（ITAA）以及在交流分析蓬勃發展的歐陸之歐洲交流分析協會（EATA）均制定類似的倫理規範、訓練標準、分析師、教師與督導之證照考試制度，交流分析在各國之訓練與發展也均遵循其所制定之標準與規範，因此完成訓練通過筆試與口試成為合格之交流分析師（Certificated Transactional Analyst, CTA）、教育與督導交流分析師（Certified Teaching and Supervising Transactional Analyst, TSTA）或者預備教育與督導交流分析師（Provisional and Supervising Transactional Analyst, PTSTA），具備相當之程度，並在國際間受到平等的尊重與認同。

　　交流分析在台灣的發展，源起於民國七十三年，當時挪威籍傳教護士郭惠芬女士（Sissel Knibe）有感於台灣當時社會中，許多的藥酒癮，以及亂倫和虐待等家庭問題未能受到適當的協助，於是奔波在台灣與歐陸間研習交流分析，並在其服務之高雄基督教信義醫院，實際運用交流分析之理論與臨床技術協助個案，並進一步引介瑞典籍湯姆‧歐嘉瑞（Thomas Ohlsson）、羅南‧強生（Roland Johnsson）、安妮卡‧柏克（Annika Bjork）三位具備教育與督導交流分析師資格之資深老師，以耐心、毅力與智慧二十年來長期於台灣播種灌溉。

　　民國八十七年，交流分析在台灣經過十四年的發展之後，在各方熱心人士的奔走與推動之下，成立了一個以交流分析教育訓練與社會服務的法人組織，名為中華溝通分析協會（Taiwan Transactional Analysis Association），持續推動符合國際標準之交流分析理論與臨床訓練，並且提供臨床諮商與心理治療之服務。目前中華溝通分析協會提供交流分析之訓練課程，包括基礎課程（相當於TA101課程）、進階課程（相當於TA202課程與進階訓練）、合約督導（強調臨床督導與個別分析，進行證照考試之準備）等等國際溝通分析協會學分認可之課程。

　　交流分析之理論與工作技術可以運用的範圍廣泛，除了目前在台灣推廣之諮商（counseling）與臨床心理治療（clinical）領域之外，交流分析的訓練還包括教育（educational）以及組織（organizational）的領域，學校的教師與輔導老師，以及從事公司管理與人力資源開發和管理的專業人士，也都可以從交流分析的理論與技術訓練當中獲益。國際交流分析協會對於諮商、臨床、教育與組織各領域的交流分析師，定有不同的訓練標準，對於教育與組織領域有興趣的讀者，可以

先行參與國內的基礎與進階課程（等同於TA202課程的部分），接受
共同課程部分的訓練，如果對於取得教育與組織領域分析師的證照有
興趣的讀者，可以進一步前往美國、歐洲、澳洲、新加坡、香港、日
本等不同地區，完成此一領域之進階與督導課程，取得參加考試之資
格。

　　如果在閱讀交流分析理論的書籍之後，對交流分析產生興趣，想
要接受進一步的臨床工作訓練的話（這也是實際工作者必備的基礎訓
練），可以直接上網查詢相關的資訊，或者直接以電話或電子郵件信
箱聯絡：

中華溝通分析協會的網址是：http://www.ttaa.org.tw

台北中心：台北市敦化南路 172 巷 5 弄 4 號 3 樓

　　　　　E-mail: taipttaa@ms61.hinet.net

　　　　　TEL: (02) 2735-9424

高雄中心：高雄市三民區大昌二路 67 號 3 樓

　　　　　E-mail: Kaohttaa@ms61.hinet.net

　　　　　TEL: (07) 3820-609

屏東中心：屏東市華山里華正路 97 號

　　　　　E-mail: Infottaa@ms61.nihet.net

　　　　　TEL: (08)7362-139

　　此外，讀者如果希望更進一步了解交流分析的理論，可以直接聯
繫中華溝通分析協會，購買該協會翻譯出版的《交流分析期刊》
（*Transactional Analysis Journal*）之專業文章，或者閱讀以下之中文
翻譯著作：

　　《強者的誕生》（遠流出版社）

《保持最佳狀態》（遠流出版社）

《OK 老板》（遠流出版社）

《我好，你也好》（遠流出版社）

《人際溝通分析練習法》（張老師文化）

《人際溝通分析》（張老師文化）

《TA 的諮商歷程與技術》（張老師文化）

《語意與心理分析》（國際文化）

《再生之旅》（心理出版社）

❀ 目錄 ❀

交流分析簡介

　　為了要讓大家具有整體的了解，我們會在第一章中，綜合介紹交流分析（transactional analysis, TA）。在以下的章節中，我們會一一為你介紹幾個交流分析的基本概念，讓你可以在你的工作中，加以實驗與探索。每一個章節中，我們會說明與描述相關概念的定義，運用工作中常見的案例，解說相關的概念，提供如何運用的建議，描繪一個具體的臨床案例，並且讓你與你的個案進行練習。在本書的最後部分，我們列舉相關的交流分析專業書籍的書目，以及交流分析組織的地址，提供對於交流分析專業知識與技巧的進修感興趣的人參考。

　　「諮商」（counselling）與「心理治療」（psychotherapy）間的差別，長期以來一直是個爭議性的話題。諮商與心理治療有相當大的交集，似乎是被大多數參與討論的人同意的看法。然而，較具爭議的是交集的範圍究竟有多大。我們並沒有企圖要在這本書中，進入到這

個爭議當中。我們相信的是，接受足夠資深從業人員督導的諮商師與心理治療師，均可以將本書中所列之交流分析的觀念與技巧，適當地運用在非精神病的個案上。

綜合簡介

什麼是「交流分析」？

交流分析是一種人格理論，它的理論基礎源自於對特殊人格狀態的研究；它是一種社會互動或者是溝通理論，它的理論基礎根基於人際交流（interpersonal transactions）分析；它也是一種團體與個別心理治療的系統理論，可以用來作為個人成長與改變的工具。交流分析包括四種分析方法——結構、交流、遊戲與腳本，並且採用了第二個名詞加以命名。雖然如此，很顯然地交流分析是涵蓋四種分析方法的。

交流分析（一般稱為 TA）是一種方法，透過檢視發生在兩個人之間，以及個人內在的種種，來協助人們作成改變。「交流」（transaction）這個層面正是所謂：雙向溝通（two-way communication）、交換（exchange）、與交流（transaction）。包含的內容可能是口語的運用、情感的表達、身體語言、交換的想法、闡述的觀念、或者信仰等等。交流可能是一個皺眉回應一個微笑；也可能是有人在哭時一個安慰的擁抱；或者是在電話中聽到噩耗的一陣沉默。我們藉由關注兩個人之間所進行的對話、雙方使用的姿勢、表達的信念以及彼此所獲得

的訊息，可以加以分析。但是這又如何可以被運用來觀察一個人的內在呢？單獨一個人又是如何進行交流的？以下是一位個案所描述的片段：

　　當電梯停在兩層樓之間的時候，我真的嚇壞了。我告訴自己：「不論如何，都不要驚慌。」但是這樣並沒有什麼幫助。事實上，我開始更加恐慌。所以我說：「我真的嚇壞了。」而同時卻告訴自己一切都還好。知道了這一點，我感覺稍微好一點，並且要自己思考該如何面對此一處境。我告訴自己，我可以感到驚慌，但是仍然可以想想要怎麼辦。當然，這很簡單，我就只要按下緊急按鈕。對講機中傳來一個人的聲音，他對我保證我很快就可以出來了。當他還在說的時候，電梯就已經開始移動了。我對我自己說：「做得好！一年前的你還是個驚慌失措、口齒不清的人。」

　　這個人只不過是做了一般我們都會做的事情：他跟自己說話。注意！他有時候將自己稱作「我」，有時候卻稱作「你」。雖然他仍舊是單獨一個人，但是藉由這種方法，他可以在自己的不同部分間，進行內在對話（internal dialogue）。他正是在進行內在交流（transacting internally）。

　　交流分析提供一種模式，這種模式定義一個人的各部分為不同的自我狀態。不論是思考、情感抑或是行為，它們都是在外在與內在進行交換——不管我們是不是有所察覺，通常是三種全部同時的——它們會是來自於父母、成人或者兒童，三種自我狀態中的一種。在本書

的前面章節中，我們會介紹自我狀態的概念，也會多次重複描述這個概念，因為這些自我狀態的概念，正是交流分析理論的骨幹。

這個包含三部分的模型，可以說簡單，但也頗為深奧。不幸地，正如許多討喜的好點子，這個模型極可能被誤用。有人採取了一種相當簡單的方法，為了自私的目的，加以操弄與利用。Eric Berne，這個模型的原創者，就已經相當敏銳地體認到這個可能性，在他的《人間遊戲》（*Games People Play*）目錄中，也包含了所謂的「交流分析」遊戲，這會發生在人們開始用交流分析來貶抑另外一個人或者另外一群人的時候。交流分析簡單有效的基礎，不僅在於它借用通俗語言來描述許多經常是複雜的概念，也在於它的容易理解與辨識，這一點在人們面對交流分析理論的反應上可以看到。不難看到的是，在經過幾分鐘的的介紹之後，便可以看到人們熟練並具創意地使用自我狀態的語言。交流分析模型的奧妙，在於它在心靈理解與探索上的深度與廣度。這本書所列的內容，包括自我狀態（Ego States）、交流（Transactions）、功能與交流的不同選擇（Functional and Transactional Options）、人生腳本（Life Script）、以及評估與改變的歷程（Assessment and the Process of Change），顯示這種三部分模型可以運用的範圍。我們希望這本入門的書籍可以展現某種深度與廣度，說明交流分析可以針對生命、生活、關係與溝通，特別是對諮商，提供許多的概念。

自從本書中所提及的 Eric Berne 以及其他相關的人物的引介與發展之後，許多來自於不同領域的專業工作者被 TA 所吸引，發現它的確有效，並因此感到興奮。很清楚地，事實就是如此。多年來，交流分析中是什麼如此吸引心理治療師、諮商師、心理師、醫師、社工

師、護士、老師、兒童、以及諸多的人呢？以下是一些我們認為交流分析可以如此受歡迎的原因：

- 交流分析的基礎理論藉由簡單、通俗與易懂的語言，例如，「遊戲」（games）、「腳本」（scripts）、與「安撫」（strokes）（這個名詞現在已經被許多的英文字典納入，並且出現在許多的通俗音樂與電視節目中）。
- 雖然現在在大眾心理學、主流心理學、諮商與心理治療的文獻中，普遍提及「內在兒童」（inner child），但是「兒童」（Child）這個名詞以及作為自我的一部分，在整個成人生命歷程中，仍舊以現象學的狀態存活著，仍舊是 TA 的中心思想。這是一個十分受到歡迎的概念，並且經過許多人的經歷加以驗證。
- 交流分析的概念經常用來與個案分享，所以經常是與個案一同談話，而非只是對個案說話。以這種方式，心理治療與諮商的內容與歷程不再神秘，並且發展成為一種分享的歷程。
- 交流分析特別強調個體對於自己經驗的責任感，這麼做讓個案成為改變行動的中心，於是成為諮商情境中潛在的有力角色。根據這個概念，交流分析被視為一種決定性的模型。如果我們個人需要對於自身經驗負責，那麼我們就必須為自己所選擇與決定的行為、感受、思想以及信念負起責任，即使這些可能是在覺察之外所做出的決定。即使是一個小孩，我們仍舊在面對家庭、學校以及社會環境的時候做出了決定。有些決定顯然因為尚不夠成熟，而有所誤導、知覺錯誤、或者是有所扭曲；然

而卻也都是在那些早期的處境中，所能做的最佳選擇。希望所在乃基於一個事實，也就是現在可以做出新的及修復性的選擇，用來取代過去所做，卻不適用於現在的決定。

▶ 交流分析之所以受歡迎的另外一個因素是在於它的理論架構接納與整合心理學的三大主流：精神分析、行為主義、以及人本與存在心理學。正如稍早所提到的，Eric Berne 接受正式的精神分析訓練。交流分析理論擁有相當程度的精神分析思考與經驗，Eric Berne 十分熟悉 Freud、Klein、Fairbairn、Federn、Erikson 等人物，以及其所發展的古典精神分析（traditional psychoanalysis）、自我心理學（ego psychology）、社會心理學（social psychology）、客體關係理論（object relations），特別是內在精神的現象學結構（intrapsychic phenomenological structures）。雖然父母、成人與兒童自我狀態並不等同於精神分析中的超我、自我與原我，但是不可否認這的確是一種延伸性的產物。清楚地，Freud 所建立的強迫性重複（repetition compulsion）的概念也被 Berne 發展成為交流分析的核心觀念，也就是人生腳本，以及用來支撐它的重複性遊戲與扭曲系統。交流分析採納了行為主義觀念，很好的例子就是，人生腳本形成過程中的重要成分，操作性制約的正增強與負增強，或者是所謂的「安撫」。人們對於安撫的需求，影響他們如何去適應自己對他人期待的知覺，並且表現在我們所經驗或者是表現的感覺、所擁有的思考、秉持的信念以及展現的行為上。這種適應乃根據我們小時候的經驗，特別是父母親如何回應我們安撫的需求。人本與存在的成分也已經被提到。交流分析強調個體的

責任、成長、自我覺察、以及選擇。即使當環境並不能被選擇的時候，人們仍然可以選擇採取正向與創造性的態度面對環境。

交流分析的哲學

上述所列的大部分內容，已經觸及到交流分析的哲學基礎。有三個交流分析的核心哲學思考：第一是人類生而具有良善（OK）的狀態；第二是受情緒困擾的人們仍然是完整的人類；第三是所有的情緒困擾都可以在獲得適當的資訊與資源的情況下獲得痊癒。這些信念意味著所有的人類都有基本的價值，因此應該獲得肯定與尊重。這並不意味，我們必須接受與認同一個人的行為，而是可以看到行為的背後，以及尊重其人性的價值。在諮商工作中，這就包含了採取 Carl Rogers 所謂的「無條件正向回饋」（unconditional positive regard）的態度與個案合作。如果我們要以人類生而平等的態度接觸他人，我們便需要以相同的態度面對我們自己。因此，*我好—你也好*（**I'M OK—YOU'RE OK.**）的存在狀態是交流分析的最高哲學原則。我們作為諮商師（與一般人），如果採取*我好—你不好*（**I'M OK—YOU'RE NOT OK.**）；*我不好—你好*（**I'M NOT OK—YOU ARE OK.**）；抑或是*我不好—你也不好*（**I'M NOT OK—YOU'RE NOT OK.**）的態度，於是便認同了人類是不平等的（或者，在最後的狀態中是所謂的同樣無望），如此並無助於成長與改變。

在*我好—你也好*（**I'M OK—YOU'RE OK.**）的哲學思考中，隱含的意義是，即便在我們的行為不討好、不被喜歡、誤入歧途或者有破

壞性的狀況下，仍然相信我們的核心自我是可愛的、擁有創造性的，而我們的企圖也是正向的與建設性的。我想引用以下佚名的一段文字來結束本章，這段文字充分表達上述面對我們自己與他人的關鍵哲學態度：

> 每一個人類個體，
> 當考慮到所有處境的時候，
> 經常是，在過去的每一剎那之間，
> 盡了他或者是她最大的可能，
> 因此理當不需被任何人，包括自己，
> 批評與責備。
> 這就是真實而獨特的你。

契約

　　運用交流分析的過程，涵蓋契約（contracts）的運用。契約是一種雙方或者多人的共識。它的目的在於澄清事務，藉此讓每一個人對自己與他人的期待不會混淆。交流分析諮商師與個案訂定關於如何一起工作，期待些什麼，以及想要透過諮商過程達到什麼目標的契約。

　　Eric Berne 在一個遵循「醫療模式」的心理治療與諮商年代，發展他的想法。當時諮商師就像醫師一樣被視為所有學識與技巧的專家。他們聘僱這個專家來治癒被視為有問題，以及處在脆弱與疾病狀態下的病人。Berne 強烈地認為，這種狀態下的影響無法持久。它消弱了個案，並造就他們對助人者的依賴。他同時也認為，它暗示人類間的不平等，以及將人類分類為健康與疾病的態度，並不值得尊崇。因此，他使用一種讓個案容易了解的語言，鼓勵個案閱讀相關的書籍與研讀理論。他相信大部分的人可以為他們自己負責，因此有能力與

權力決定他們想要在生命中擁有什麼。因此,他會問個案他們怎麼樣看問題,他們想要在生活中作什麼樣的改變,他們希望可以從身為治療者的他身上獲得什麼。他會對個案解釋他如何工作,一起決定是否能夠以及如何才能對他們有所幫忙,並藉此達到他們所想要達成的目標。從這個角度來說,個案不僅要針對治療時間、期限、費用等訂定「事務性契約」(business contract),也要針對想做的特定改變訂定「治療契約」(treatment contract)。

接下來是與治療契約有關的部分,我們要強調的是,契約的訂定是用來服務相關的人們,訂定契約的目的是改善問題,而非形成束縛與限制。訂定契約的目的不是稍後用來帶一個人上法庭,證明他沒有辦法達成契約或者是意圖更改契約,因此是多麼壞的一個人。契約訂定的目的是在使雙方,對於將要一起做些什麼事情,感覺到安全與清楚。唯一例外的是,關係到該諮商師所屬諮商機構所規範的倫理與專業準則,這一部分並不是雙方可以協商與妥協的。

初期的接觸與合約

諮商師與個案最初的接觸,經常是在電話當中,此時諮商師可能安排個案一次初步評估的會談。個案除了了解會談的時間與地點之外,還需要知道這一次的評估會談,會花多少的時間,需要付多少的費用。這是對於這一次會談的初步事務性契約。

許多個案在初次見到諮商師時,確實會感覺到焦慮。他們或許正經歷生命中某種的不愉快,於是帶著恐懼與希望交織的心情,尋求協

助。對他們來說，要談論自己的痛苦有很大的壓力。他們或許不知道，即將會發生什麼事情。他們可能會覺得，諮商師認為他們愚蠢或者是不好；或者是認為，他們在某一方面是失敗的，因此需要尋求諮商。同樣地，他們真正希望諮商師可以幫忙，或許諮商師具有神奇的力量，可以扭轉乾坤，改變他們的生活。對於每一個個案，他們都需要兩件事情：第一是感覺諮商師有足夠的關懷能力並值得信任，於是願意冒險投資自己的時間（也可能是金錢）來談論相當隱私的事情；另外一件事情是對於事情會如何發展有清楚的輪廓。接下來的章節中，我們會寫到有關於「結構的渴望」（structure hunger）以及個案的生活如果缺少足夠的秩序，人們會多麼地焦慮。這包括清楚的期待。如果你回想上一次到某個陌生的地方，那裡的人與環境對你來說，都是不熟悉的，你很可能就會回想到，你最初關切的是什麼。例如，其他人是誰？盥洗室在哪裡？午餐什麼時候開始？有什麼規則？對你的個案來說也是一樣的。

為了要讓個案感覺到諮商師的關心、信賴與專注，他們需要允許個案有說話與被聆聽的空間。最重要的事情是，從最初刹那間所建立的關係，個案感覺受到鼓勵，信任諮商室是一個充滿支持與安全的情境，可以把他們所關心的事情帶來討論。為了創造一個支持與安全的情境，諮商師需要透過一個清楚的契約，讓個案經驗到，諮商師有能力（potency）提供個案所需要的保護（protection）。最初的契約將會是事務性契約。諮商師與個案將針對治療時間、期限、規律與頻率，以及就雙方中任何一方無法參與會談、更改時間表與提早為休假作安排等等達成共識。如果需要付任何的費用，也需要獲得諮商師與個案雙方的同意。

一旦事務性契約建立，諮商師與個案將會針對要一起進行什麼工作達成共識。這就是最初的諮商契約——對一個特定議題的共同承諾——有時稱作為治療契約。

治療契約

在剛開始的時候，有些個案喜歡或者是可以提出生活中想要改變的特定議題。例如：「我想要改善我跟女性間的關係——直到現在，我的合夥人他們似乎對我愈來愈厭倦。」「自從我被裁員之後，我已經沮喪了一整年，我要開始享受我的人生。」或者是「我想知道我為何不斷地與我的朋友爭吵，並要開發新的方法與他們溝通。」因為有這類個案，因此在接下來的段落中，我們會討論到一些有用的方式，可以用來澄清治療契約。

然而，有許多的個案，對於要從諮商的過程中獲得些什麼，並沒有清楚的概念。他們意識到壓力、焦慮或者是沮喪，但是可能沒有辦法覺察到為何會有如此的感受，或者是可以怎麼處理。他們可能會有一些不舒服的模糊感覺，或者是覺察到生命中，迷失掉某些東西。對於這些個案，堅持使用有時所謂「堅硬」（firm）的契約則是錯誤的。不嚴重的話，至少可能是在浪費時間。嚴重的話，可能變成是一種虐待，個案接受到的印象，好像是當他們還沒有開始的時候，就要知道自己所有的狀況，或者是被要求限制他們所要講的事情。

在 C.S. Lewis 的 *Till We Have Faces*（London: Fount Paperbacks, 1978）這一本書中寫到：「在我們還沒有許多的面貌之前，我們要怎

麼樣與上帝面對面。」廣義地說，他指的是直到我們可以了解自己更多，否則我們是沒有辦法對世事有更高層次的理解。他談的是靈性的發展，但是這個真理，同樣適用在諮商的過程中。直到我們了解，並接受自己當下的面貌，否則我們是沒有辦法，確實地知道我們要做怎麼樣的改變。對於這些個案，最初的契約，可能包含概括地描述問題，並且達成共識，在目標獲得澄清之前，專注於了解與探索。即使如此，這還是個漸進的過程，在時間不斷進展的過程中，契約將被敏銳地更新。例如，在諮商開始的時候，安德魯說道：「我已經有好幾個月的時間，感覺到心情低落。我不知道為什麼。我在工作上是成功的，但是我就是覺得心情低落。」最初的契約是探索這個問題。接受了幾個星期的諮商，安德魯表示：「我現在了解，我好像過著討好我母親的生活，我需要開始為我自己過活。」諮商師同意在接下來的幾週中，與個案一起工作，來全然了解這件事對個案的影響與意義。安德魯並沒有花太多的時間了解「為自己生活並不如想像中的容易，我甚至不知道我要的是什麼」。接下來的契約，則是調整成為學習聆聽自己的感覺與需求，並且想辦法讓自己的感覺與需求獲得滿足。接下來，安德魯花了一段既痛苦又興奮的時間，真實地了解自己——包括他已經塵封多年，無法覺察的感受，終於可以開始與他生命中失去的部分有更多接觸。他發現自己的「面貌」，並且準備為他自己的將來做決定。他現在可以認識自己在行為上的改變，他要決定自己的生活，如何地運用時間，如何地與人接觸以及保持關係。這就是他諮商的焦點，並在他達到了親密、享受與相互依存的關係時結束諮商，在這樣的關係中，他可以在我好—你也好的立場上，表達自己的情緒，要求需要的滿足，享受樂趣與報答。

綜上所述，當敏銳地訂定契約，將會有許多的好處：

1　契約強調在工作關係中，固有的平等與尊重，其中個案擁有權力表達他想要從諮商中得到什麼。

2　契約鼓勵自我負責，當中個案不只是擁有表達欲望的權力，並且被期待完全地「擁有」其欲望，覺察他們對於自己的生命，擁有一些主控權，他們擁有選擇，並且也只有他們可以改變他們自己的生命。

3　契約可供焦點的澄清，也就是所謂的目標，藉此給予個案與諮商師雙方某些可以指引的方向感。「契約」（contract）的另外一個意義就是「使事情小一點」（to make smaller）。據此來說，目標的澄清，對個案與諮商師來說，是指有效率地運用時間與精力。花在澄清契約的時間，建構了完成整體工作的一個重要的部分。更進一步地來說，契約如同一組心智組合，個案不僅可以有意識地往目標移動，也可以仰賴契約作為一個內在的參考架構。

4　契約可以避免誤解：契約挑戰某些迷思，例如只要個案有了密碼，就可以取得諮商師放在抽屜中的神奇處方。特別是，契約可以避免交流分析中所謂的「遊戲」。這些在接下來的段落，將會進一步討論。遊戲部分乃是缺乏將隱藏議題（對治療者與個案來說都是隱藏的）澄清的結果。這些將嚴重地延遲或阻礙諮商的進展。

5　契約是一種有用的工具，提供評估諮商是否有效。如果我們要與個案合乎倫理地合作，這是相當重要的部分。如果契約沒有被完成，要不就是錯誤的契約——其中，工作的焦點需要做轉換；或

者是個案與治療者，並不適合合作——這種狀態表示諮商需要結束，並且將個案轉介。

6　契約的完成，灌注個案希望與樂觀，以及具有力量的感覺。這將可以作為未來改變的基礎。

契約有它的缺點，特別是在僵化使用的情況下：

1　個案可能經驗到不被傾聽，或者在除了他們共同聲稱的特定領域之外，對黑暗與隱藏面的漠視。

2　契約有時對某些個案來說，感覺像是一種功課的指定。例如，克里歐花了大半輩子來表現「好」、做對事情、總是拿 A 的成績等等，可能就會覺得這是另一個考試，諮商師會根據他的表現來打分數。

3　對於不知道要做什麼的個案，可能會在被詢問到他們的目標時，感覺到不對勁、「壞」、喪氣的或者是無望的。有些個案會配合這個期待，做些討好諮商師的事情；有些個案則會以叛逆來回應。

4　契約似乎可能會排除掉一些自發性的工作或者是議題。

如果諮商師視訂定契約為一種有彈性與成長性，而非靜止不動的歷程，其中諮商師與個案雙方，對於整個實踐的歷程保持覺察，並適時地反應改變中的需求，與整個歷程的目標，這些缺點則是可以被避免的。

因此實際上，開始進行交流分析之初的契約，涵蓋的是事務性契

約，以及可以言明的焦點。這就像我的同事 Sonia Mathias 所說的「前往諮商的門票」（ticket to counselling），這表示諮商師與個案雙方的共同承諾，要盡可能地幫助個案獲得最好的成果。入門之後，將會展開一個歷程，探索最初的約定。個案與諮商師發掘並澄清契約的意義，獲得彼此的同意，並決定什麼是該去做的事情。

應用

有時候運用正式的方式訂契約是有用的。Martha 與 William Holloway（*The Monograph Series*, Midwest Institute for Human Understanding Inc, 1973）認定有兩種契約：社會控制契約〔Social Control Contract，我們比較習慣稱呼它為社會改變契約（Social Change Contract）〕與自主契約（Autonomy Contract）。社會改變契約包括在思考、感覺或行為上特定領域的改變。自主契約則是涵蓋個體生命與他們內在精神結構更廣的改變。理論上，諮商師一般會與個案訂定社會契約；然而實際上，完成了這樣的契約，經常會有更深遠的影響。根據 Holloway 的說法，契約回應了兩個問題：

- 你要改變什麼？
- 你跟我要怎麼知道，你已經完成了這些改變？

有時候第二個問題的答案可能是主觀的；例如，個案將會以放鬆的心情來取代之前的緊張與焦慮。但是，交流分析諮商師經常為了確

定雙方的清楚理解，比較喜歡參考可觀察的行為來訂契約。即使希望做的改變是想法或感覺，也可以將其轉譯成為可以驗證的行為性名詞。例如，有人表示要放鬆，不要擔心；這可以在姿勢、呼吸與問題解決行為上觀察得到，因為這些行為在感覺輕鬆與緊張擔憂的狀態下是很不同的。

以下是一些社會改變契約的案例：

- 一個悲慘又憤怒的母親，訂定了一個停止修理孩子，每天與孩子愉快共處的契約。
- 一個孤獨的男人訂定契約，去交三個朋友。
- 一個焦慮、依附在家裡的個案，訂了一個契約去旅行，並每個星期逐漸地增加離開家裡的距離。

雖然這些契約強調的是可以觀察到的行為改變，但是卻也很容易讓個案探索，諸如為何悲哀與生氣、孤單與焦慮，以及他做了些什麼或沒有做些什麼，導致問題持續不斷。

不同的交流分析治療師，提出了諸多形式，用來訂定契約。我們這裡會提出兩種形式來說明。在 Muriel James 的著作 *Techniques in Transactional Analysis*（Reading, Mass., Addison-Wesley,1977）中，提供了一系列的契約問題，我的同事 Petruska Clarkson 與 Shona Ward 做了進一步的延伸如下：

1　你需要什麼來改善你的生活？
2　你需要做些什麼改變，來達到你的目標？

3　你會做些什麼來讓這個改變發生？

4　其他的人要怎麼樣才會知道你已經改變了？

5　你可能會如何阻礙你自己？

6　你要如何預防阻礙？

7　當你完成目標的時候，你會如何犒賞自己？

8　當你已經改變了，你將如何運用你的時間？

9　假如你已經改變了，你會如何以及在何處得到你的安撫？

Allen 和 Allen（New York: Medical Examination Pub Co., 1984），提供了一些簡單的問句，用來讓個案專注於該問題：

1　當你健康的時候，你將會做什麼你現在沒有做的事情？（很有趣的是他們使用這個字眼「健康」，這意味著一種疾病與健康二元概念的醫療模式。但是不論如何，我們認為，他們的意圖是要傳達自我內在感覺良好的一種概念。）

2　哪些你現在正在做的事情，是你狀況良好的時候不會做的？

3　我們要如何知道你何時的狀況是良好的？

有兩位個案對最後一系列問題的回答，顯示了該問題如何被彈性地運用。安毫不遲疑地回答，她已經想好一大堆要從生活中獲得的東西。她回答第一個問題時表示：「我要擁有可以規律見面的朋友。我要在唱詩班中唱歌，並接受訓練成為一位諮商師。」對第二個問題，她的回答是：「我現在出門的時候會恐慌，我很確定不要再有這種感覺。」第三個問題就不需要再回答了，因為已經隱含在前兩個問題的

回答中了。但是莎莉則不同。她需要一段較長的時間來探索這些問題的意涵，她在幾次的會談中探討這些問題。為了讓自己了解想要在生活中做些什麼改變，她需要了解在她虛弱的感覺背後所隱含的意義。最後她終於了解，自己想要在狀況良好時做的事情，是能夠表達她的感覺、得到她所要的，並且有創意地處理這些現在她得不到滿足的處境。她決定不再告訴自己：「自己不重要，別人比較重要。」她表示，當她看起來、表現起來與聽起來都更有精神，並且有了新的嗜好（雖然她現在還不知道是什麼嗜好）的時候，我們都會知道，這就是狀況良好的時候。（這個所謂「新的嗜好」可以是各種形式的，可能包括有氧運動課程，抑或開展一段新的關係。）

　　到目前為止，我們知道交流分析諮商師正式訂定契約的幾個方法。重點是，個案與諮商師共同訂定了小小的、以及常態性的契約。訂契約與澄清的過程，可以是個友善的工具，用以確定雙方，都記得他們是不同的個體，需要檢視諮商的過程，避免把事情視為理所當然。因此，當貝絲花時間在諮商過程中述說她的女兒，而不是她自己的時候，諮商師可能會懷疑這對個案是否有幫助，並且可能會對貝絲說：「你今天似乎要告訴我你女兒的事情？我這麼說對嗎？」針對問題，貝絲回答：「是的，沒錯！我不知道為什麼，但是我的確想要告訴你有關她的事情。」這就是一個契約，諮商師澄清了狀況。這也為貝絲突顯了她想要談的問題。這個過程告訴了她，她已經選擇了這次會談想要談的問題，並為此負責。於是，她會比較清楚地覺察到，她想要改變焦點這件事情上。接下來，如果她發覺談論女兒對自己一點都沒有幫助，她可以選擇與諮商師討論，以進一步了解如何與為何自己會做此選擇，並在下一次的會談中，做不一樣的決定。然而，如果

諮商師習慣在一剛開始，就要求個案說出會談中想要做的事情，並且有一個可以被觀察得到的結果，此刻或許從談論有關女兒的議題中所可能湧現的重要意義，將會被忽略。

活下去的契約，沒有傷害與犯罪

Holloway 的著作 *The Monograph Series*（Midwest Institute for Human Understanding Inc, 1973）介紹給交流分析臨床工作者的概念，即所謂的「逃脫的計謀」（Escape Hatches）。意思是說，如果情況很糟糕的時候，人們會想要採取以下行動——常見的脫逃計謀包括：(1)自殺；(2)傷害或者殺了別人；以及(3)發瘋。

有時候，人們經驗到生命中相當糟糕的處境，來到諮商室的時候，已經相當清楚地感覺到有自殺與殺人的企圖，或者正處於發瘋的邊緣。然而，人們經常無法察覺自己正在進行這樣悲慘的計畫——大部分的人不會到達如此極端的狀態。不論如何，在諮商的過程中，人們開始放棄這些想法，即使並不快樂，至少努力維持生活可以繼續。因為喪失結構與伴隨而來的迷失方向，所帶來的壓力經驗，可能造成逃脫方法的浮現。諮商師必須保持警覺，藉由對於任何可能暗示自我傷害，對其他人真實的威脅，或者是個案可能發瘋的信念，保持清醒，注意到問題是否將要發生。不論該意圖是隱微的，或者是明朗的，諮商師將藉由要求個案訂定契約，維護自己的安全，遠離傷害自己與他人，來尋求終結個案逃脫的計謀。這種契約可能有所不平等。如果個案無法同意訂立此一維護生命的契約，至少需要針對諮商過程

中特定的期間加以要求，在危機處境結束時，再進一步加以評估，並視需要重新訂定契約。例如，十分挫折與沮喪的瑪莉，拒絕同意一個長期的自我安全協定，但是可以同意在下一次會談時間之前的一個星期中，維護自己的安全。諮商師敏銳地增加了一個附註，如果下次會談遭遇到任何阻力而無法進行，協定則要持續到下一次見面的時候。瑪莉認真地同意了。如果個案不同意的話，諮商是否適合進行，則需要嚴肅地加以檢討了，並且需要尋求諮商師的督導老師進一步的協助。在某些狀況下，個案可能需要接受危機處理的住院保護。

終結逃脫計謀的過程，如同其他訂定契約的過程，也是一種行為契約。個案約定不對自己的情緒與思想採取行動，例如，不受自殺的情緒與思想影響，而採取行動。但是訂定這樣的契約，有一個風險：就是個案可能誤解了分擔感覺與思想，是被禁止的，特別是當諮商師在過程中急躁地與個案訂立此一契約。很明顯地，這種狀況需要避免。如果個案感覺不被允許表達此類的情緒與思想，並且與諮商師共同探討此一問題，如此要終結此一逃脫的計謀是不可能的。因此，我們視契約是終結逃脫計謀，處理個案的自殺、傷人與發瘋的想法，在作成生存、不傷害、不犯罪的新決定前，用來穩固個案的方法（請詳閱第七章與第十章）。

有關契約的最後說明

為了讓契約盡可能地發揮效果，需要運用諮商師與個案雙方都可以理解，非常清楚與精確的語言訂定契約。契約內容如果是「每日早

晚，以橫膈膜式的呼吸進行吐納，並從事具有創意的優雅戶外巡行活動」，比「每天到公園散步，並做深呼吸」更難實踐。

諮商師也應該要警覺，契約內容是否有漏洞。它通常會以修飾性的文字形式出現，例如，出現「多一些」、「少一些」或者「這樣更好」的文字。這些都會阻礙真實意義的表達。例如，「多與人做更好的接觸」，多少才稱為「多」呢？什麼叫做「更好的接觸」？誰又是這些人？有多少人？藉由諮商師小心翼翼地詢問，避免這些缺乏量化的問題，可以獲得更為精確與特定的目標。某些類似的詞句，例如「嘗試」（try to），意味著下了很多的功夫，卻沒有獲得成就；或者是「可以」（be able to），具備了機會，但是卻沒有行動。不論個案是否要採取行動做一些事情，這些都需要在契約中加以澄清。

請注意：交流分析諮商師並不鼓勵他們的個案訂定所謂的父母契約（Parents contracts）——這正是在討好父母（或者是視為父母角色的其他人）。交流分析感興趣的，並不是以個案童年時期的撫育模式幫助人們，而是使人們真實地發覺自己，以及他們所想要的。如此可以簡化允諾（promise）與契約（contract）的差別。雖然內容是類似的，形成契約的過程卻是不同的：訂定契約基本上是對自己做出承諾（在諮商師的見證與支持下）；然而允諾則是面對某人，或者是為了某人所妥協的承諾。

最重要的是，避免逃避面對某一部分自我的契約。例如，「我將會不再那麼容易受傷」或者「我將拋棄生氣的感覺」，這些話中含有一種信念——個案有些不對勁，並且正在邀請諮商師成為此一信念的共犯。

我們與讀者間的契約

雖然我們沒有面對面，但是就某種意義上來說，現在我們之間，可以就這本書，訂定一個契約。我們從事提供某些交流分析重要觀念的工作，並且說明諮商師如何加以運用。對於每一個理論概念，我們將會提供，包含一個說明如何運用的段落，以及一個給讀者與他們的個案練習的段落。著作中的內容，並沒有涵蓋交流分析理論的所有層面，但是我們會為有興趣做更多學習的讀者，在本書的最後，列出詳盡的參考書目。然而，為了澄清，我們使用我們自己的專業名詞，替代常用的交流分析專業名詞，我們將會指出這些名詞相對的原始名詞。

至於契約中屬於你的部分——讀者的部分，你需要從書店、圖書館、出版商、朋友或者同儕處，獲得這本書。這意味在此同時，你已經為了獲得我們以及出版商的服務，付出該有的費用——這是契約中屬於你的部分。你還沒有訂下閱讀的契約。你購買這本書，甚至有可能只是因為它的厚度，剛好用來墊穩廚房的桌腳。不論如何，如果你決心閱讀它，我們希望你會發現它的趣味，並可能對你有所助益。我們會很高興收到你的建議與批評。

練習

自我

1 列出清單，寫下五件你今天要做的事情，挑一件來做。這聽起來簡單，但卻正是你與自己訂下了契約，並堅持該契約。你感覺如何？為自己訂下計畫，並且加以實踐，你會不會因此感到滿足？或許你正是如此規律實踐的某個人。果真如此，你已經知道這樣訂定計畫，並且仰賴自己加以實踐的好處。如果對你來說，這還是很新鮮的事情，讓自己好好地思考並且感受這樣的經驗。

2 即刻列出清單，寫下你要做或者應該做，但是卻拖延了的五件事情，選擇其中一件。為什麼你會拖延呢？你還要做這一件事嗎？你如何使它簡單一點？你要做這件事嗎？果真如此，當你完成這一件事後，你要如何回饋你自己呢？現在就實踐它。你有什麼感覺呢？如果你想要，可以運用相同的方式，處理清單中的其他事情。

3 選擇一種在這一章中所提及的契約訂定方法，並且回答自己問題。你也可以選擇做這件事情。

4 選擇一個朋友、同事或者是諮商師（你覺得可以對他自由地吐露的人），與他們一起實驗，分別進行兩段對話。在第一段對話開始的時候，表示你想要討論什麼，你想要從談話中獲得什麼。另

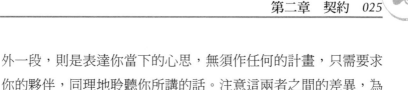

外一段，則是表達你當下的心思，無須作任何的計畫，只需要求
你的夥伴，同理地聆聽你所講的話。注意這兩者之間的差異，為
自己評估其中的優缺點。

與個案的合作

1　當你在聆聽你的個案，以及對你的個案說話的時候，保持對自己
　經驗的覺察，注意何時你需要澄清個案所想要的。透過溫柔且直
　接的詢問，例如，「關於這一點，你希望從我這裡得到什麼？」
　「你有多希望自己是不一樣的？」抑或以假設性澄清，例如，
　「你想要為這件事情做些什麼嗎？」或者「關於這一部分，聽起
　來你現在似乎需要消消氣，是不是？」藉此發掘個案想要的是什
　麼。

2　邀請你的個案描繪他們想要的是什麼。注意他們當下是如何表現
　出與以往的不同。他們將如何感覺、思考、行走、坐臥、講話、
　飲食、穿著等等？

3　使用一種建立契約的方法，或者一種屬於你自己的方法，邀請你
　的個案專注於他們想做的改變，以及即將如何成就自己的生活。

自我狀態

正如本書在簡介該章中所提的，自我狀態（ego states）為交流分析理論的基礎。

定義與描述

在 Berne 的一本舊作 *What Do You Say After You Say Hello?* 中，將自我系統的定義描述為「以相應的行為，所表現的一致性思考與情感系統」。進一步簡化與結構性地說明，自我系統就是一種涉及到我們的思考、情感與行動的存在與經驗狀態。你可能已經正在問自己，是否有任何的經驗狀態不涉及到思考、情感與行動？答案是「沒有」。在任何一剎那之間，經驗必然以某種形式存在，包含上述三種內涵。

當你正在閱讀這些文字的當下，你將思考所閱讀的內容，並對這些文字與概念產生情感，同時也展現出稱為閱讀的行為，包括搜尋、注視、身體姿勢、拿書的姿態、臉部表情等等。於是無可避免地，在任何一剎那的當下，我們都被視為處在一種自我狀態中。

現在你又多讀了一兩個句子，你又處在另外一種自我狀態下，具有當下一個新的思考、情感與行動。即時回顧，你可以藉此定義，發現生命乃是由接連不斷、百萬個自我狀態所構成。但是這怎麼可能對我們了解自己與其他人的需求有幫助呢？要回答這個問題，我們需要更深入與密切地檢視自我狀態。更深入檢視的結果，我們觀察到，有些自我狀態並不是嶄新的，它們並不是當下狀態的嶄新經驗，而是重複過去的自我狀態。換句話說，它們不過是涉及到我們曾經在近期、中期或者是遙遠過去的相同思考、感覺與行為。有另外一個問題出現了：那有什麼關係呢？它關係到的正是一個過去自我狀態的重複經驗干擾當下生活功能到什麼程度。例如，你現在可能正在閱讀這本書，卻同時出現過去九歲時困頓地想要弄懂一本幾何學課本的負向感受。你的思考困惑，像只擁有九歲的能力，感覺傷心，垂頭喪氣，並且坐立不安（你放下書本、拿起書本、摳手指甲等等）。我們希望沒有什麼大不了，但是這的確干擾了你對閱讀的樂趣與學習的成效。

相對地，你可能正在閱讀這本書，並且感覺到做為一個學生的愉快感覺。你正清楚地思考，對於書中表達的概念感覺到興奮，專心地閱讀讓你完全不會注意到你的指甲。我們的確希望讀者多半都是這樣的狀態。後面所描述的這個狀態也有可能不是舊的自我狀態，而是一種全然當下的體驗──這樣的狀態是最好不過了。不論如何，這個例子的重點是在說明，即使我們經驗的是舊的自我狀態，對我們來說，

也不必然是缺乏功能的。於是我們以及我們所治療的個案,尋找的是生活裡對當下生活功能造成負向干擾的自我狀態。

我們已經知道,可以藉由哪些差異區分不同的自我狀態。首先,我們可以說,某些自我狀態是屬於當下的——當下現實的情感、思考與行為,其他則是歷史性的——思考、情感與行為是屬於過去的。其次,我們可以藉由評估與判斷自我狀態,究竟是具備功能的、缺乏功能的,加強亦或干擾我們的經驗,來對自我狀態來做另外一種鑑別。

成人自我狀態

這個名詞描述的是一種直接與當下現實有關的自我狀態。我們在討論的是存在於一種成人自我狀態,或者是在成人當中,此刻並沒有受到過去歷史的干擾。我們就在這一剎那思考、感覺並行動。用來描述一個人處在成人自我狀態當中的名詞包括反應良好、活潑的、接觸良好的、有感覺的、自發性的與自主性的。這並非快樂或者是充滿春天般的喜悅的同義詞。我們討論的是當下的現實,是針對當下處境的適當反應。例如,對於朋友過世的反應,可能是感到難過與絕望,或是懷疑自己存在與生命的意義,也可能是哭泣並且變得憤怒。這些都是哀悼當下現實的成人自我狀態的反應。

實證上,我們視成人自我狀態為一種空白的自我狀態,內容是每一剎那之間對新情境所填滿的反應,而非豐富的經驗與潛能。也就是在每一存在剎那的當下,充滿了連續不斷的自我狀態。一刻接著一刻,現實改變著,我們的反應也跟著改變。一旦時間過去了,每一個

成人自我狀態又成為了許多歷史自我，有別於當下的存在狀態、反應與相關的現實情境。

在成人自我狀態中，很顯然地，我們並不是「全新」的。新的東西是我們對一個特定情境的特殊反應。不論如何，我們可以建設性與創造性地借用歷史的自我。事實上，如果我們要成長，這麼做是關鍵的條件。我們所有學習與改變的過程，仰賴於是否具備運用過去經驗，並從中獲益的能力。萃取其他自我狀態並加以整合的能力，被賦予一個更為完整的名稱，稱為**整合性成人自我狀態**。歷史於是被整合進入到當下的狀態中。

更深一層的區分

很不幸地，我們並不經常建設性或創造性地運用過去的經驗，我們也不必然有意識地運用過去的經驗。就如同之前所提到的，過去在缺乏有意識地整合的情況下，遮蔽了當下，干預了當下的正常功能運作。我們有時候部分地或者是全部地進入歷史的自我狀態。這個進入歷史自我狀態的概念，意味著這些自我狀態儲存在我們之中。我們將經驗儲存在何處與如何儲存依然是科學上的謎題。Berne 提出「精神器官」（psychic organs）的概念，但是這仍然只是停留在一種概念的建構上。假設有過去經驗的儲藏器，而且可以再度重新經驗，再經驗的不僅是我們過去的思考，它不僅是一種回憶的行動，而是一種在當下，再度生活在過去經驗的存在過程，涉及到我們對自我狀態的定義中，包括思考、情感與行為的一致性體系。接下來讓我們檢視過去經

驗儲藏器，這在交流分析理論中，稱為兒童自我狀態以及父母自我狀態。

兒童自我狀態

　　為了強調兒童自我狀態的歷史特徵，最好將它整體地指稱為原型兒童自我狀態（Archaic Child ego state）。這個名詞雖然比較常用單數形式，但是它描述的是建構個體歷史經驗的複數自我狀態。它被稱為「兒童」自我狀態，強調的是這些自我狀態經常起源自兒童時期。大部分諮商的工作，也都是集中在童年經驗的處理。然而，我們的概念是視所有發生在過去的事情，包括剛剛逝去的剎那間，都儲存在兒童或者是父母自我狀態中。於是，成人自我在當下形成，一旦時間過去了，便儲存在上述兩種自我狀態的儲藏器中。

　　當個體以過去的方式，經常是基於兒童的經驗、思考、感覺與行動時，我們稱他是處在兒童自我狀態。例如，約翰下班回到家裡，發現忘了把購買的雜貨帶回家。當他的太太問候他的時候，約翰馬上想到的是她會不會對他生氣，他感到很害怕，並且急忙離開房間。他在缺乏覺察的情況下，以他在六歲時遺忘了東西躲開媽媽的方式，對當下的處境作反應。他過去所經驗的事實是媽媽會猛烈地對他發脾氣，於是他會十分害怕地從房間裡溜掉。因此過去經驗再度於當下重現。在兒童自我狀態中，約翰以並不適合於當下現實的方式思考、感覺與行動。如果他保持在成人自我狀態，即使他太太真的生氣了，他可以跟他太太表示他忘了把購買的雜貨帶回來，對她說抱歉，並折返去拿

回。

父母自我狀態

　　第二種歷史經驗的儲藏器是所謂的父母自我狀態，這個單數的名詞描述的仍舊是複數的過去自我狀態。這種自我狀態有別於兒童自我狀態，這種自我狀態並非自己的直接經驗，而是從父母或父母的形象當中取材，內攝（introject）成為自己一部分的自我狀態。這種自我狀態儲藏器於是經常更完整地被稱為內攝的父母（Introjected Parent）。

　　再次聲明，雖然強調兒童時期的內攝，但是所謂父母自我的概念，仍然包含融入延續下來的成人世界中，朋友、同事、諮商師、老師與其他重要人物的內攝（introjections）。當一個人以取自於父母或父母形象的方式來思考、感覺與行動時，我們就稱他們是處在父母自我狀態。

　　許多現實生活中的父母，雖然絕對不曾以父母對待自己的方式對待小孩，然而卻懊惱地發現自己，採取了相同的話語、音調、姿態，以及曾經在面對父母時的相同感覺，教訓他們自己的子女。換句話說，他們進入到父母自我狀態。採取此種方式對待他人，並非是現實生活中父母的特權。有時候每一個人都有可能以父母自我狀態表現。小小孩的觀察者或者是老師，會經常觀察到兒童在某些時候如何「變成」他們的父母。

　　我們回到之前討論兒童自我狀態的案例，忘了帶回雜貨的約翰。約翰除了進入受到驚嚇、並逃離生氣母親的兒童自我狀態，他自己也

同樣地進入到*父母*自我狀態，包括內攝了生氣與懲罰他的母親。因此，無須驚訝的是，如果在一種相反的處境中，他的太太忘了將購買的雜貨帶回家，約翰便進入到*父母*自我狀態思考、感覺與行動，以他的母親曾經對他採取的暴力與生氣的態度對待他的太太，說：「你真笨、真蠢，你怎麼會忘記這麼一件簡單的事情！」這就是為什麼我們會很不舒服地了解到，我們害怕別人看我們的方式，對我們的感覺與所採取的行動，會如此精確地出現，那是因為我們一樣可以很輕易地想到、感覺到、或者是如此地對待別人。

父母、成人與兒童模型（PAC model）

你現在有了基本的自我狀態結構模型（structural model of ego states，簡稱為PAC模型）。當我們提到有關自我狀態的時候，我們總是用中楷字體字型的*父母、成人與兒童*來表示自我狀態，以有別於真實的父母、成人與兒童。基本的 PAC 自我狀態結構模型如圖 1 所示：

內攝的父母（Introjected Parent）：
取自於其他人的思考、情感與行動。

整合的成人（Integrated Adult）：
反應當下現實的思考、情感與行動。

原型的兒童（Archaic Child）：
過去所經驗過的思考、行為與行動。

圖 1　自我狀態的 PAC 結構模型

辨識自我狀態
（the identification of ego states）

在 Berne 的著作 *Transactional Analysis in Psychotherapy*（New York, Grove Press, 1961, 1966）中，提到四種辨識個體正處在何種自我狀態的方法。

透過行為診斷（behavioural diagnosis）

藉由觀察一個人的風度、姿勢、身體、語調、語言與臉部的表情，我們可以找尋到個體處在何種自我狀態的部分跡象。例如，當一個人以氣憤的表情下達命令，並揮舞著拳頭時，可能正處於父母自我狀態，表現出父親的思考、感覺與行動。同樣地，也有可能是一個人

處於成人自我狀態，正在彩排莎士比亞劇本中亨利五世的角色。

　　另外一個例子是，一個女人蜷曲在地板上，吸吮著大拇指並且哭泣，她可能被視為正處在兒童自我狀態。同樣地，即使她的母親當時的表現正處在自己的兒童自我狀態中（或者是表現得像她的母親一樣），這個女人都可能表現得像她母親面對壓力時一般；於是可以說她正處在父母自我狀態中，內攝了母親的思考、情感與行動。藉由行為診斷，雖然可以獲得一些跡象，但顯然還不夠。

透過社會性診斷（social diagnosis）

　　根據社會性作診斷，關注的是其他人對被診斷的這個人的反應。在我們上述第一個案例中，可能的情況是，其他人在面對這個揮著拳頭的男人時，感覺到渺小與害怕，並認為自己將要被凌駕，於是迴避與他的正向接觸。果真如此，這個男人就是處在父母自我狀態，相對地引發其他人兒童自我狀態的反應。如果這是在莎士比亞劇中的角色扮演，其他人的社會性反應比較可能是成人的反應，顯示的是相對的成人自我狀態中的角色演出。

　　在第二個案例中，如果其他人從父母自我狀態反應，對這個蜷曲身體、吸吮著拇指的女人，表現包括源自於過度的保護衝動，所延伸的撫育行為，抑或以相等強度的衝動去敲醒她，告訴她：「要長大！」這都很可能顯示，這個女人是處在她的兒童自我狀態。但是如果如同先前所提出的，她是處在父母自我狀態，與她的母親在壓力狀態下的表現如出一轍。雖然技術上我們稱她是在父母自我狀態，然而她的確就是她的父母自我狀態中的小孩（母親的小孩），其他人還是

會由父母自我狀態反應，好像對待一個小孩一樣。即使有了行為診斷，加上社會性診斷，顯然仍然還是不夠的。

透過歷史診斷（historical diagnosis）

　　這種方法意味著單純地詢問個案，這些被觀察到的行為、感覺與思考的起源為何。例如，我們可以要求該揮拳的男士，覺察自己的行為、情緒與思考，並且詢問過去是否有別人曾經如此表現。如果他表示，他父親過去曾經有過相同行動，使用相同姿態，表達相同的思考與感受，這就有相當好的指標意義，顯示他正處在父母自我狀態。當然，除非他告訴我們，他是有意識地模仿父親的行為，用來扮演亨利五世的角色——這時他是處在成人自我狀態中。

　　在蜷曲著身體的婦人的案例中，她的行為以及我們的社會性反應，讓我們傾向於認定她處於兒童自我狀態，我們可以詢問個案是否曾經在兒童時期有相同的經驗，個案甚至可以記得當時是幾歲——如此便可以肯定地認定為兒童自我狀態。相反地，個案或許記得她的母親曾經有過如此的行為表現——據此判斷個案處在成人自我狀態。甚或她可能正在演出一段故事情節，用以娛樂她的孫子——這種情況下可以判斷正處在成人自我狀態中。直到現在，經過澄清與詢問個案，診斷於是愈來愈清楚。接下來將繼續說明另外一種辨識的模式。

藉由現象學診斷（phenomenological diagnosis）

　　當個案在重新經驗過去的同時，也可藉由濃縮至主觀經驗的歷程

中加以辨認。個案重現原初場景的體驗。在我們所提的第一個案例當中，當個案當下「感覺」像是父親憤怒地揮著拳頭、下命令的時候，驗證了自己正處在**父母**自我狀態中，正如同三十年前，當自己還是小孩的時候，父親的所作所為一般。案例中的該名婦女，持續地吸吮著拇指，感覺到悲傷與被拋棄，深深地啜泣著：「媽媽不要離開我！」正如在她很小的時候，被媽媽單獨留在房子裡的表現一樣，驗證了原先處於**兒童**自我狀態的假設。

　　我們希望在此已經足夠地強調，運用全部四種方法辨識自我狀態的重要性。與你的個案合作時，運用一些徵兆是個好的開始，會有所幫助。你最好在採取行動回應之前，先敏銳地加以檢驗。如果你沒有這麼做，最好的狀況是沒有幫上忙，最糟的情況則可能是侮辱了個案，或者甚至虐待了個案。

應用

　　辨識自我狀態如何具有功能呢？在簡介該章中，我們寫到有關交流分析是一種方法，用來檢視發生在人與人之間，以及人們內在中究竟發生了什麼，藉此幫助人們做改變。為了達到這個目標，辨識自我狀態的結構是一個重要的步驟。如果我們學會辨識自己的自我狀態反應，我們便可以提供自己很多的訊息，拓展選擇的可能性。例如，一位能力相當好與成功的講師蘇珊，可以在全國各地的講堂中面對數百位學生，但卻迴避社交場合。這是因為她在進入非正式的聚會場合時，便會立即感到尷尬而逃離現場。她拒絕鄰居的邀約，不參加宴

會、晚餐與酒會，於是在社交上變得愈來愈退縮。這是她來接受諮商所提出的問題。諮商師詢問她，面對這兩種情境，其感受的差異。她做了以下的區分：

- 講堂相對於人們的客廳。
- 正式相對於非正式。
- 表達觀點相對於呈現自我。
- 正襟危坐相對於自由自在地坐著。
- 感到自信相對於感覺緊張與尷尬。

諮商師與蘇珊分享自我狀態的觀念，並表示他的觀察是，當蘇珊在演說時正處於成人自我狀態，而在社交場合的時候則處於兒童自我狀態。她同意，並表示在社交場合中的確感到自己的渺小。諮商師建議她閉起眼睛，想像自己是一個小孩，並將自己帶入某個情境中，身處某人的客廳，在正式的聚會場合中，有許多的人圍坐身邊，自己正以某種方式表達自己。幾乎在此同時，蘇珊感覺到驚恐與尷尬。她想要逃開。她認為：「他們認為我很愚蠢，他們在笑我。」諮商師鼓勵蘇珊即使在很不舒服的狀態下，仍停留在這種想法、感覺與行為當中。他問她身處在何處，她回答：「我在姑媽家裡。當時我六歲。在那個成人宴會中，我感到很興奮。我穿得像一個童話中……（此刻蘇珊看起來十分驚恐，放在膝下的雙手緊握，並有些顫抖）。」當然，在這一剎那之間，蘇珊回到當下。她不需要繼續停留在六歲的自我狀態中。她表示，當時跑到一群大人輕鬆地圍坐的房間裡，想要表現自己真的像仙女一樣，但是卻在進門的時候滑了個雙腳朝天的跤。不幸

地，當她躺在地板上時，仙女棒折斷了，紙做的翅膀也撕裂掉在身上，她感覺自己一付愚蠢模樣。她當時可以聽到的就是大人們的笑聲，於是她就在極為挫折與尷尬的情況下，逃離了那個房間。

原本蘇珊無法覺察到，現在她可以看到她每次在非正式的聚會當中，不斷地重複這種原型的感覺、想法與行為。作了有意識的連結之後，也就是辨識出該兒童自我狀態之後，幫助了蘇珊辨識出，她在這種情境之下可以有許多不同的選擇。有了這樣的認識，以及在她原本尷尬的感覺上所下的功夫，她開始參加社交聚會，並保持在成人自我狀態中。當她感覺到緊張與尷尬的時候，便提醒自己已經不是六歲小孩了，她不會再笨拙地滑倒在地上，其他人也不會嘲笑她；他們看到是一個有吸引力、充滿自信與具備能力的女性。

在這個案例中，蘇珊的兒童自我狀態干擾了她的成人功能。藉由辨識出自我狀態，蘇珊可以選擇方法面對當下的處境作最適當的反應。

練習

自我

現在你已經熟悉自我狀態結構模型的三種類型，你可以練習覺察當下自己正處在父母、成人抑或兒童自我狀態中。覺察自己何時進入一種特殊的自我狀態（更理想的情況是，你可以預測會在何時，以及

進入何種自我狀態），如此將會增加身處特殊情境的選擇。然而，要達到這樣的自我覺察狀態，需要一段時間。開始的時候，在事情發生過後，觀察事件中自己處在何種自我狀態下。回想你曾經遭遇的各種處境。區分每一個事件，並針對每一種處境詢問自己以下的問題：

1 我是不是以父母（或者是當自己還小的時候的其他大人）曾經使用的方式思考、感覺與行動呢？

2 我的思想、感覺與行動的方法，是不是對當下處境的適當反應呢？

3 我是否在某些時候，與最近的、以前的或者是遙遠的過去，作相同的思考、感覺與行動呢？

　　評估許多的事件，直到找到例子說明三種自我狀態，寫下當中至少一個感覺、想法與行為：

父母：我感覺＿＿＿＿＿＿＿＿＿＿＿＿＿＿＿＿＿＿＿＿＿＿＿＿
　　　我認為＿＿＿＿＿＿＿＿＿＿＿＿＿＿＿＿＿＿＿＿＿＿＿＿
　　　我的行動是＿＿＿＿＿＿＿＿＿＿＿＿＿＿＿＿＿＿＿＿＿＿

成人：我感覺＿＿＿＿＿＿＿＿＿＿＿＿＿＿＿＿＿＿＿＿＿＿＿＿
　　　我認為＿＿＿＿＿＿＿＿＿＿＿＿＿＿＿＿＿＿＿＿＿＿＿＿
　　　我的行動是＿＿＿＿＿＿＿＿＿＿＿＿＿＿＿＿＿＿＿＿＿＿

兒童：我感覺＿＿＿＿＿＿＿＿＿＿＿＿＿＿＿＿＿＿＿＿＿＿＿＿
　　　我認為＿＿＿＿＿＿＿＿＿＿＿＿＿＿＿＿＿＿＿＿＿＿＿＿
　　　我的行動是＿＿＿＿＿＿＿＿＿＿＿＿＿＿＿＿＿＿＿＿＿＿

在兒童自我狀態的例子中，試試看是否可以發掘它的起源：你的生命中發生了什麼事情？你當時幾歲？又有什麼人參與其中？

在父母自我狀態的例子中，試著辨識你今天重複的行動，究竟是誰的感覺、想法與行為呢？想想你為何受到這個人的影響？想想你為何在這個特別的情境下，進入到父母自我狀態呢？

假設你選擇了某個情境當中的自我狀態用來觀察自己，我們可以實驗來作不同的選擇：

1 想像在你的兒童自我狀態的例子中，如果你的選擇是父母自我狀態，那會有什麼樣的情況發生呢？

2 想像在你的父母自我狀態的例子中，如果你的選擇是成人自我狀態，那會有什麼樣的情況發生呢？

3 想像在你的成人自我狀態的例子中，如果你的選擇是兒童自我狀態，那會有什麼樣的情況發生呢？

請注意，如果你想要在諮商過程中，介紹交流分析的觀念給個案，讓個案作以上的練習，也會很有效的。雖然以下的練習，是要幫助你的個案，變得能夠更清楚地在諮商的情境中，覺察他們的自我狀態；然而你的自我狀態，卻會扮演重要的角色。如果你要讓你的諮商工作有效進行，雖然有可能為了個案的利益考慮，你會選擇使用過去的自我功能，但是你將需要隨時保持在一個方向上，經常地處在成人自我狀態中。如果你不自覺地處在父母自我狀態，以一種如同你父親狡猾地控制你的方式，隱微地操控你的個案；或者是處在兒童自我狀態下，反應出一如你八歲時的思想、感覺與行為，你將無法有效地

幫助個案。目標是在你進行的所有交流中，都應具備成人自我的監督。這就意味著，治療者需要持續地自我監督、接受他人的督導，接受諮商或心理治療，用來跨越自己尚未解決的過去經驗以及父母的影響。明顯地，成為一個整合性成人乃是一個進行式的過程，所謂的「進行式」意味著它是一輩子的事情。

與個案的合作

　　選擇一個個案，用來完成本書的練習。你可以選一個新的個案，或者是你已經建立相當穩定諮商關係的個案。學習交流分析觀念與技巧最有效的方法之一，就是利用影音設備，記錄諮商的過程。許多交流分析諮商師記錄諮商過程，用來自我監督，或者是被其他人督導。請確實地做到與個案澄清及約定記錄治療歷程的隱私原則。

1 運用你的直覺

　　當與個案合作的時候（以及聆聽或者觀看治療影音記錄時），運用你的直覺評估個案在特定的時候所處的自我狀態。當個案進出不同的自我狀態時，觀察並聆聽行為的徵兆。記得，每一個個案的自我狀態，都是屬於個案所個別擁有的。在你開始注意到特定的模式之前，可能需要好幾個治療時段的觀察。請記得，這些模式包含有思想、情感與行為。

2 行為徵兆

　　運用你的直覺，試著假設這些模式屬於那一種自我狀態。標示包

括父母、成人與兒童等不同的自我狀態（預留更多的空格可以註記與
進一步作成診斷）。請記得，這些行為乃是屬於某個案三種自我狀態
當中的一種，屬於某個案的兒童行為，則可能是另一個案的父母行
為，諸如此類。例如：

父　母：這位個案雙手抱胸、握緊雙拳、咬牙切齒；斷斷續續地高聲
　　　　尖叫；並使用諸如「應該」、「必須」、「決不」；氣急敗
　　　　壞地、憤怒與挫敗地；傲慢地談論自己與別人。（好像父親
　　　　一樣？）

成　人：同一位個案，輕鬆地雙腳著地端坐，與人保持眼光的良好接
　　　　觸；規律地、深深地呼吸著；清晰地思考，以生氣勃勃與十
　　　　分感興趣的態度談論自己與他人，清楚並直接地表達感情。

兒　童：同一位個案，低頭、垂著雙肩坐著，輕聲細語地說話（經常
　　　　是聽不到的）；迴避眼光的接觸；手指不停地抖動，表現得
　　　　焦躁不安，認為別人（包括我）在生他的氣；害怕自己做錯
　　　　什麼事；看起來像是五歲的小孩。

3 社會性徵兆

　　社會性徵兆乃是你對這些行為徵兆的經驗反應。值此當時，你的
感覺、思想與行為為何呢？到目前為止，再度檢視你辨識個案自我狀
態的直覺？你是否曾經驗個案正處在父母自我狀態中，而你卻在兒童
自我狀態？當你的個案處在兒童，你便在父母？當你的個案處在成
人，你也處在成人？檢視你反應的一致性，並在每段記錄的開頭加上
註記。

4 歷史徵兆

透過詢問適當的問題，你可以進一步檢視，直到目前為止所了解的自我狀態。當你認為你的個案正處於兒童自我狀態時，以下形式的問題可以用來作有效的澄清：

- 你記得小時候有沒有類似的情緒、想法或是行為呢？
- 你覺得現在像幾歲的時候？
- 你當時的生活出了什麼狀況？
- 你當時的生活經驗與當下這件事情有何類似的地方？

當你認為你的個案處在父母自我狀態時，以下形式的問題可以用來作有效的澄清：

- 過去有誰曾說過你現在說的話呢？
- 過去有誰的行為像這般模式？
- 你是表達你的想法，抑或是表達童年時期某個人所表達的類似情緒呢？
- 這是誰？是在什麼情境下？

熟悉你自己與個案歷史中的自我狀態，可以藉由排除的過程，幫助成人自我的辨認。你可以直接詢問你的個案，當下是否體驗自己處在父母或者兒童自我狀態，或者是感覺像在從前一般。

5 現象學徵兆

在*父母*或者*兒童*自我狀態，你的個案或許可以覺察到重複經驗了過去一般。如果你認為你的個案處在*兒童*自我狀態，直接詢問當下發生了什麼事情，個案的經驗、感覺與想法是什麼，何時何地發生，當場還有什麼人……等等，可能會有用處。相同地，處理*父母*自我狀態，要求個案表達當下的經驗：是誰正愁眉苦臉，是誰在說這些蔑視的話，此刻又是誰感覺到沮喪頹廢……諸如此類。再度回到*成人*自我狀態，要求你的個案表達當時的體驗，如此可以藉由其反應，幫助你分辨個案是否處在*成人*自我狀態中。

交流

　　我們在本書一開始就曾表示，交流是一種發生在人際之間，以及發生於人們內在的狀態，我們定義交流為一種雙向的溝通，它們可以是內在（精神內在）的或者是外在的。在這一章中我們將處理人際間的交流；我對你說，你對我說；山姆對比爾招手，比爾回應招手；珍妮對吉姆微笑，吉姆對珍妮皺眉。一個人對另外一個人表達一個溝通（communication），另外一個人則回應一個溝通。運用更為行為科學取向的名詞，則是給予了一個刺激，於是有了一個反應。

　　當分析交流時（有時候我們也稱為 transactional analysis proper），我們可以使用先前所介紹的自我狀態 PAC 模型，來幫助了解在兩個人或者更多人之間發生了什麼事。當兩個人見面時，每個人都有他們各自的三個自我狀態，我們可以分析這兩組三個自我狀態的各種交流方式。例如，當山姆對比爾招手而比爾回應的時候，發生了什

麼事？顯然我們需要與山姆和比爾談一談，從許多的診斷跡象中，辨認出每個人的自我狀態。如果可以做到，我們可以發現山姆看到老朋友比爾時，很高興地對他招手問候；相同地，比爾也高興地回應招手問候。我們可能會診斷這種交流為成人對成人的刺激，以及成人對成人的反應。這稱為互補交流：交流所指向的自我狀態回應了原先出發的自我狀態。這種交流如圖 2 所示。

換作另外一種狀態，我們可能會發現比爾是山姆的老闆，並且讓他回憶起威權的父親。於是當山姆對他揮手的時候，表現出一種溫柔的方式，是由山姆的*兒童*自我狀態出發到比爾的*父母*自我狀態的交流。就反應層面來看，我們可以發現比爾由*父母*自我狀態出發，就如他的母親習慣性輕蔑與鄙視地對鄰居招呼一般。這是一種在*兒童*自我狀態與*父母*自我狀態間的互補交流。山姆的*兒童*自我狀態呼應了比爾的*父母*自我狀態。比爾的*父母*自我狀態也回應了山姆的*兒童*自我狀態。這種交流如圖 3 所示。

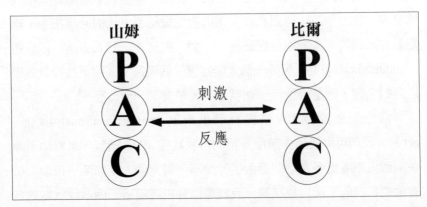

圖 2　成人對成人的互補交流

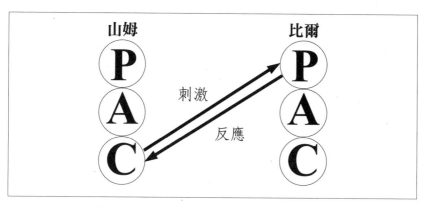

圖3　兒童－父母／父母－兒童互補交流

　　溝通的第一個原則（first rule of communication）是：只要交流是互補的，溝通便可以持續地進行下去。互補的溝通，不必然是正向的或者是負向的。這得要視內容而定。例如，一個冗長的討論，可能從頭到尾都是互補的。在第一個案例中，山姆與比爾間成人對成人的交流，可能持續進行如下：

山姆：很高興看到你。
比爾：我也是，有沒有空一起喝杯咖啡？
山姆：當然有，你的工作狀況如何？
比爾：嗯，很困難，但是我漸漸可以上手了。
山姆：我很佩服你換了工作。

以下類推。
同樣地，山姆與比爾也可能持續如下的對話：

山姆：很高興你終於被我遇到了，我對你很生氣。

比爾：為什麼？

山姆：你說你今天已經修好我的車子，我需要開車到牛津去。

比爾：喔，不！我以為你到週末才要用車。

山姆：不！我告訴過你的！現在，我要怎麼到牛津呢？

比爾：喂，不要叫了！這樣沒有用。我要想一想。

以下類推。

　　雖然他們事實上是在爭執，但仍舊屬於成人對成人的互補交流。

　　在第二個案例中，山姆與比爾之間兒童－父母／父母－兒童的互補式交流，可能持續如下：

山姆：你好，湯姆森先生。

比爾：你好，山姆。你還在忙嗎？

山姆：喔，老實說我正要到工作室。

比爾：那你快去，已經快到午餐時間了。

山姆：好的，湯姆森先生，我會趕快過去。

比爾：別著急，你難道不知道「吃快打破碗」？我親愛的母親都這
　　　麼對我說。

山姆：抱歉。

諸如此類。

　　我們來看看吉姆與珍妮的案例。珍妮對吉姆微笑，吉姆皺眉回應。這可能類似上述比爾與山姆間父母－兒童／兒童－父母的互補交流。換句話說，珍妮正對權威形象給予一個溫柔的笑容，但是卻得到來自父母自我狀態否定的皺眉。為了再度加以肯定，我們需要使用四種診斷標準來確認自我狀態（參考頁 34-37）。我們可能會發現，有些完全不同的事情正在進行。那可能是當珍妮以友善的態度對吉姆微笑時，是因為她認為他看起來很有趣，想要進一步認識他。這將會被視為一種成人對成人的刺激。然而，當珍妮微笑著看著吉姆時，吉姆看到的並非珍妮的微笑，而是她母親的笑：當他還是個小孩的時候，她在他需要照顧的時候，就會有這樣的笑容。於是他就以皺眉來回應，正如同他還是小孩的時候，預期自己將要被母親所操縱。這將被視為一種兒童－父母的反應。珍妮可能對吉姆的幼稚反應感到完全地困惑。請看圖 4，你就會了解這為何稱為交錯交流（crossed transaction）。

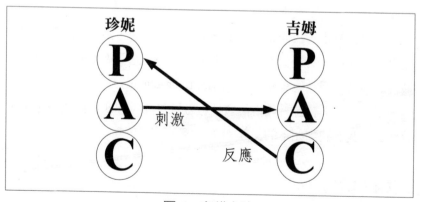

圖 4　交錯交流

　　有時候箭號不見得會交錯，例如，當成人對兒童的交流，得到成人對父母的交流；總而言之，因為送出訊息的人，所預期的反應被錯開了，於是仍舊稱為交錯交流。這是溝通的第二原則（second rule of communication）：如果代表交流的箭號是交錯的（意味回應的自我狀態並非預期者，或者預期的自我狀態卻回應至非原先發出訊息的自我狀態），溝通於是被打斷，有些不同的狀況將會發生。一如互補交流，交錯交流可能是正向的也可能是負向的，端看它的內容決定。

　　在我們的案例中，當吉姆交錯地交流時，他打破了流暢地互補交流的可能，造成珍妮一臉迷惑。溝通可能停止在這一個關卡。如果不是這樣發展，珍妮現在很可能會從非成人的自我狀態反應（注意，一個人的反應可能是對另外一個人的刺激，反之亦然）。她可能進入兒童自我狀態，並感覺受傷，認為「沒有人喜歡我」，並開始哭泣，正如她小時候被拒絕時的反應。或者她會進入到父母自我狀態，並且對吉姆感到憤怒，正如她的母親對父親叫罵一般，對他叫囂：「你膽敢如此看我，你這王八蛋！」

　　到現在為止，我們處理的是社交層面的交流，兩個人之間的明確訊息。然而在社交性交流底下，經常（有些人認為總是如此）會有隱藏性的溝通，稱為隱藏交流（ulterior transactions）。我們來談一對新婚夫妻，彼得與寶拉。彼得與寶拉在戲院見面（想像我們也在隊伍中等候），我們聽到如下的交談：

彼得：幾點了？

寶拉：七點半。

　　在社交層面，我們可能會以為這是一種成人對成人的互補交流：一方詢問，一方回答。但是如果我們仔細觀察（將該動作重播），我們可以注意到彼得在詢問幾點的同時，他揚眉並蹙眉，以懇求的態度握著雙手，眼睛看著地上迴避寶拉的眼光。我們可能需要改變想法，懷疑彼得不是在成人自我狀態中。我們需要運用那四種診斷模式，加以辨認是屬於父母抑或兒童自我狀態。我們可能因此發現彼得表現得像小孩面對父母時（兒童自我狀態），而在這簡單的問話（幾點了）之下，顯示的是「我知道我遲到了，但是千萬別不理我」。

　　當寶拉告訴彼得幾點的時候，我們更仔細地觀察她，我們注意到她緊咬嘴角與下巴，看著彼得頭上的天空，迴避與他的眼光接觸，手臂交叉胸前，輕敲雙腿。如果詢問她，我們可以發現這是寶拉的母親面對先生遲到時的態度。在簡單的「七點半」之下溝通的是：「是的，你遲到太久了，我懶得理你。」

　　完整的社交層面與隱藏交流狀態可以如圖 5 所示（隱藏交流在

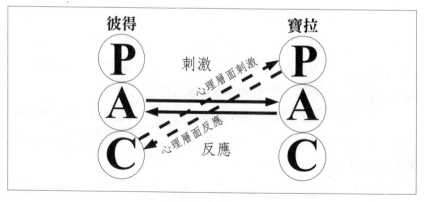

圖5　隱藏交流

交流分析中總是以虛線表示）。不管是彼得或者是寶拉都沒有欣賞到電影，這顯然不是交流中的口語內容所導致的結果。這告訴我們的是溝通的第三原則（third rule of communication）是：交流的行為面結果，是決定在隱藏的心理層面的溝通，而非社交層面的溝通。

應用

使用自我狀態結構模型來分析交流，我們可以澄清，並進一步了解在溝通過程中發生了什麼事情。我們可以看清楚，歷史性的自我狀態如何干預我們的關係，並導致關係中的不良功能。藉由對自己交流模式的覺察，我們開啟了不同的選擇，了解我們的選擇，並走向更進一步的自主。

例如，在諮商團體中，處於學習撫育自己過程中的約翰，正要尋找方法，以一種比過去更為快樂的方式，結構化自己的傍晚時間。他正處在自己的成人自我狀態中，詢問相關資訊。團體中其他的成員提供他一些建議，他對每一個建議都十分慎重地考慮。過程以成人對成人互補交流順利地進行（圖 6(a)）。然而，佩蒂卻說：「傍晚還有時間，你應該感到高興才對！」當下一陣沉默（圖 6(b)）。約翰終於表示：「對不起，我的主題佔用了太多的時間。」（圖 6(c)）。諮商師建議以繪製交流圖的方式，檢視團體發生了什麼事，團體並分析出如圖中的過程。

佩蒂現在很清楚地知道，她以父母自我狀態（包含她母親的感覺、思考與行為，她母親並不允許還是小孩的佩蒂有任何的閒暇時

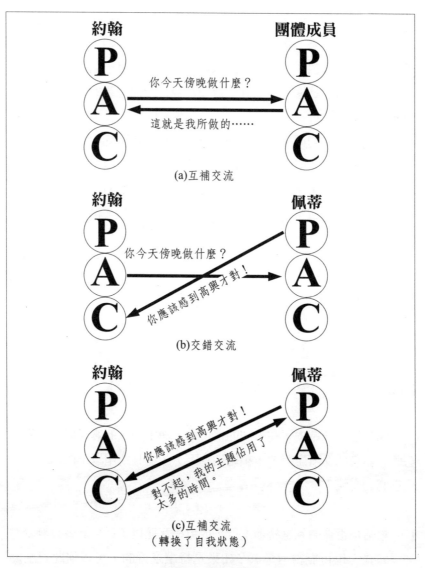

圖6　交流過程

間）交錯了溝通，並邀請約翰進入兒童自我狀態（約翰很容易地順從了，他的兒童經驗，幾乎與當下諮商團體中，進行的工作焦點一模一樣）。約翰後來也了解到，在此處境中，他可以有一個選擇：他可以停留在成人自我狀態中，並且堅持要求佩蒂給他想要的資訊，或者只要讓團體繼續進行。

當諮商師詢問佩蒂，有關她自己在兒童自我狀態中，所經驗的是什麼時，佩蒂毫無疑問地辨識出自己的兒童正在表達：「我也要在傍晚做一些有趣的事情。」在辨識出該現象之後，佩蒂在團體中，也比較能夠較有效地運用時間，保持在成人自我狀態中，尋找讓自己感到有趣的方法。

練習

自我

回想過去一週中，在不同的情境中，與不同人的幾段對話。寫下它們（盡量就你所記得的，精確地寫下），並且運用以下的指示，分析它們的交流：

1 對話是否從頭到尾持續進行，或者相互連貫（這可能會有無聊的感覺，也可能很有趣）？如果是持續進行的，可以稱此對話為「互補交流」。

2　在每一段互補交流的對話中，你是處在哪一種自我狀態中，你認為另外一個人是在哪一種自我狀態，將它們標示出成人－成人、成人－兒童、或者兒童－成人等等。

3　如果你處在成人自我狀態，而另一個人處在兒童自我狀態，想想是從誰的身上借來的感覺、思考與行為？為什麼你會在這個時候採用它們呢？這有用嗎？有沒有比較好的選擇？

4　如果你處在兒童自我狀態中，想想你最原始的情緒、思想與行為來自於何處？又為什麼你會在此刻使用它們。同樣地，它們有用嗎？有沒有更好的選擇呢？

5　在成人對成人的互補性交流中，在性質上與其他的有什麼不同？

6　如果對話似乎沒有連續或者互相連貫，辨識出在哪裡出了問題。換句話說，辨識出交錯交流從哪裡開始發生。

7　回溯幾個交流，並辨識出這個轉折點的自我狀態。

8　現在則是辨識出涉入交錯交流的自我狀態。

9　如果你在這個關鍵上交錯了交流，你想想為何如此，以及為何會進展到此一自我狀態上？

10　如果是別人交錯了交流，你認為這又是為什麼？你又為何接受了他的邀請進入到這個特殊的自我狀態中呢？

11　在這些交錯交流的例子裡，如果對話可以維持互補，那會如何？這會比較有建設性／適當／有效嗎？

12　選擇一段包括有交錯交流的對話。檢視每一個社交層面的交流是否可以發現隱藏訊息。只要寫下隱藏性交流的部分對話。

與個案合作

　　個案經常會帶著溝通的問題前來接受諮商，並逐字地提供所經驗的問題對話、口角、爭執與挫敗。當如此發生時，要求你的個案（那些對自我狀態模型有所認識的人）與你一起對這些對話，運用如同圖5兩組圓圈的交流模型，進行一些交流分析。運用相同的方法，使用你在上述練習中的原則，辨識出互補、交錯與隱藏交流，用以顯示出哪裡發生了卡住的關鍵點，以及在該處境如何以不同的方法處理。

　　類似的情形，你可以針對你跟個案間的交流，進行交流分析。這經常對解開會在諮商室中發生，然而卻是諮商室外的議題，這種平行歷程（parallel process）關係十分有益。例如：

個　案：珍，早安。

諮商師：早安。

個　案：你為什麼錯過我呢？

諮商師：錯過你？

個　案：是的，我知道你有，但是我不想跟你爭執，我跟我太太的麻煩已經夠多了。

諮商師：在我們談她之前，先讓我們看看我們之間發生了什麼事情。

功能與交流的不同選擇

　　在前面的章節中，我們多次提到「選擇」。我們指出透過對自我狀態的覺察，特別是對於干擾當下功能的自我狀態，我們可以更加覺察我們在任何處境中的不同選擇。覺察（awareness），意味著同時擁有責任與選擇。例如，一旦覺察到我們對處境是由兒童自我狀態加以反應，我們便有責任，練習選擇繼續處在此種自我狀態，抑或作別的選擇。覺察，意味著我們已經進步到成人自我狀態。當我們認識到處在兒童自我狀態，我們當然已經在移動，部分地抑或暫時性地，進入到成人自我狀態，企圖評估什麼事情正在進行中。而在該時刻中，我們可以選擇監督，抑或決定如何從成人自我狀態運作。

　　請注意，我們所說的選擇如何運作。這包括經常與功能性行為有關的思考模式（態度）。雖然選擇不同的自我狀態這個概念是有用的，但是，也可能難以全然或自發地從一組感覺、思考與行為當中，

轉換到全新的另一組。我們的覺察，可能正處在成人自我狀態中，但是我們的感覺，可能仍舊停留在兒童自我狀態中。改變不斷增強我們某些行為與態度的行動，就是改變我們思想與感覺的最好方法。例如，胡姍經常在前去工作面試時，處在兒童自我狀態：她嚇壞了，她認為她會被拒絕，並且表現得卑恭屈膝。透過決定採取一種更開放的身體姿勢，調節呼吸放鬆自己，告訴自己並鼓勵自己微笑地友善應對，胡姍開始感覺比較自在，並對面談的結果想得比較樂觀。於是透過改變行為與態度，她改變了感覺與思考，並且脫離了功能不良的兒童自我狀態。

為了幫助我們檢視功能性與交流的不同選擇，交流分析提供了一套模型，描繪了更為廣泛的行為。這個模型與結構性自我功能模型，經常彼此混淆。或許很不幸地，是因為這個模型，同樣採用三個標示父母、成人與兒童的圓圈，而且更進一步被所採用的名稱「**功能性自我狀態模型**」所混淆。我們認為在這第二個模型中，所謂「自我狀態」是名詞的誤植，因為這個模型，牽涉的是行為的不同選擇，而非自我狀態的分析。因此我們比較建議，採用較不會造成混淆的名詞「功能模式」（functional mode）。

由於在其他的交流分析文獻中，大量地採用了所謂「功能性自我狀態」這個名詞，在我們說明整個模型之前，讓我們先行更為仔細地解釋兩個主要的反對理由。我們舉一個例子來說明：有個名詞稱為「**撫育性父母自我狀態**」，在功能性模型中，用來描繪某一種行為模式。首先，根據自我狀態的定義，這意味著我們處理的是一組感覺、思考與行為，但是我們將會看到，我們經常只是處理這個模型中的行為，或者是行為與態度。第二點是，這個名詞，意味著我們正在處理

父母自我狀態（我們自他人內攝的撫育方式），或者就如我們所知，可以從成人自我狀態進行撫育行為（對當下現實適當的撫育）。我們建議採用名詞「模式」，可以在使用功能模式的時候，避免與名詞「自我狀態」有所混淆。於是一種父母自我狀態，在我們的功能模型版本中，稱為父母模式。雖然我們為這些行為保留了父母、成人與兒童的名詞，但是我們希望使用名詞「模式」來連結它們，讓它很清楚地表達在每一個結構性自我狀態中，所發現的行為類型（以下我們將進一步描述），並非是自我狀態本身。

功能性模型（the functional model）

這個模型描述一群功能模式——意指我們在第三章討論處理行為診斷時，所憑藉的姿態、語言、音調、身體姿勢、面部表情、態度等等。由此，我們可以選擇如何在一個特定情境中反應。它們也可以用來描述一個人，是否選擇行動；換句話就是說，它們可以描繪任何一個當下的，抑或是歷史性的自我狀態結構。這些簡略的概念，可以有效地與個案分享，但是一如大部分簡略的形式，均需要經過完整的解釋才可有效運用。

相對於較常被使用的正向或者負向撫育型父母，以及正向與負向控制型父母（Negative Controlling Parent，交流分析文獻中的名詞），我們選擇夠好父母（Good-enough Parent, GP）與不適任父母（Inadequate Parent, IP）兩個名詞，因為我們認為，前述交流分析文獻中的名詞，排除了其他型態的父母行為與態度，例如疏離、冷漠、被動與

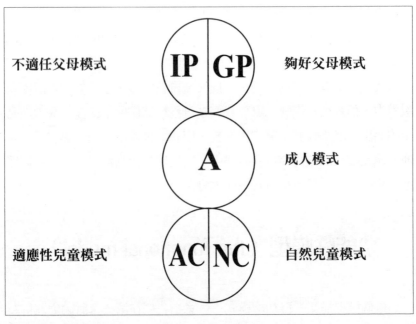

圖 7　功能性模型

忽略等等。圖 7 顯示了五種基本功能性模式。

夠好父母模式（The Good-enough Parent Mode, GP）

　　這種形式，涵蓋了那些可以提升自己與他人幸福的撫育行為與態度（一種我好—你也好的狀態）。這種形式包括鼓舞、在乎、關心、愛護、付出、接納、安慰、理解、建設性地批評、有效地建議、關心地控制、適當地撫育、保護的，並給予許可的行為與態度。以下有一些方式可以讓我們認識到一些夠好父母模式（GP）：

➡當一個人在說話的時候,身體關心地前傾,並保持良好的眼光接觸。

➡以溫柔的語調說話。

➡對另一個人的成功給予微笑。

➡看到另外一個人遭遇挫敗時,張開雙臂予以問候。

➡篤定地大叫,預防另外一個人遭遇危險。

➡安排足夠的休假,讓自己保持良好狀態與健康。

➡維持適當的界限。

不適任父母模式(The Inadequate Parent Mode, IP)

　　這種模式涵蓋的態度,雖試圖排除我們的不適當部分,然而實質上,卻削弱了別人或者我們自己的另一部分。這種形式包括破壞性批評、蔑視、偏見、權力控制、棄置、冷漠、忽略、過度保護、不關心、粗魯、迫害、情緒操控、武斷、威權以及滿口倫理道德的行為與態度。以下有一些方式可以讓我們認識到一些**不適任父母模式**(IP):

➡威脅地對待另外一個人。

➡雙手插腰,在一個人面前說話,卻非對他說話。

➡在沒有被要求的情況下,攙扶著一個身體硬朗的老人。

➡比著手指,叫罵控訴。

➡沒有眼光的接觸,並打哈欠,對另外一個人的挫敗不感興趣。

➡對另外一個人大呼小叫,好像有什麼事情要發生一樣。

➠使用論斷性的文字，例如愚蠢、笨蛋、噁心等等，描述他們自己或者是別人的行為。

➠即使自己一無所知，卻給另外一個人建議。

成人模式（The Adult Mode, A）

　　這種模式包括客觀、有助益、感興趣、衡量、精確、敏銳觀察、實際、澄清、理性、目標導向、分析取向、創造性並富有機智、以及建設性地詢問的行為與態度。以下有一些方式可以讓我們認識到一些成人模式（A）：

➠謹慎地詢問，來澄清狀況。

➠以平穩的口氣說話，並精確地選擇語彙。

➠建立假設，並處理資訊。

➠端坐，並採取開放式的身體姿態。

➠面對問題保持警覺並深思熟慮。

自然兒童模式（The Natural Child Mode, NC）

　　在自然兒童模式中，一個人可以表達四種基本情感所延伸的所有感受：恐懼、悲傷、快樂與憤怒。在這種模式當中，也包括自發性、精力充沛、創造性、愉快、豐富、自由、開放、充滿情感、不壓抑、好奇與吵鬧的態度與行為。在自然兒童模式中，待人的反應與態度，具有無憂無慮的特質。這種狀態多半是正向與創造性的形式。不論如

何，仍然有少數的情況，自然兒童的反應也可能是不適當的。例如，在寬廣的海岸邊，粗魯地玩絆倒別人的惡作劇，是沒有問題的；但是如果在懸崖邊，玩相同的遊戲，則是愚蠢的事。以下有一些方式，可以讓我們認識到一些自然兒童模式（NC）：

- 成功完成一件事情之後，興奮地抱著別人。
- 聽到朋友過世，放聲哭泣。
- 外出散步時，雀躍跑跳。
- 聽笑話，笑到彎腰並在地上打滾。
- 對人說「我真的愛你」，或者「我真的愛自己」。
- 對吵鬧的聲音，瞪大眼睛。
- 面對侮辱，表達憤怒。
- 因為興奮，冒不必要的風險。

適應性兒童模式（The Adapted Child Mode, AC）

正如其語意所顯示，最後這種模式，包含適應他人或者是自己的其他部分，所表現的行為與態度。這包括了用以替代自然兒童所表達的情感：例如，自然兒童可能是生氣的時候，適應性兒童可能表達出傷心（參考第九章對於扭曲感覺的討論）。這種模式可能包括順從的行為，也可能是叛逆的行為，這種模式中的叛逆，是對他人的適應，但是卻是對立的。因此這種模式，包括了挑戰、不配合、粗魯、惹人厭、頑固、不尊敬與操控的行為與態度；一如臣服、配合、懷柔、順從、謙恭、配合監控、討好與忠實的行為，都是適應性的模式。

在**適應性兒童模式**中的順從或者是叛逆，視情境而定，可能是適當，或者並不適當的。當我們正粗心地走到車流繁忙的馬路上時，順從別人的要求停下來，很明顯是適當的。毋庸置疑地，當我們很安全地娛樂時，卻聽從相同的要求，則並非適當。相同的模式，對抗專制與壓迫可以是適當的，但是對抗他人的善意就不是。以下有一些方式，可以讓我們認識到一些適應性兒童模式（AC）：

➠傷害自己的身體，並對自己惡言惡語。
➠質疑與挑戰他人的權威。
➠對要求，叛逆地大叫「我不要」。
➠在諮商時間，喝醉酒。
➠飆車，危及他人與自己。
➠表達感傷比較合宜的時候，卻表達憤怒。

或者：

➠對他人有所要求時，低頭畏縮。
➠在對話中不斷地說「請」與「對不起」。
➠順從別人的期望。
➠語調牢騷嘀咕。
➠不會為自己提出要求。
➠表達憤怒比較合宜的時候，卻表達恐懼。

或者（較為正向地）：

➧與別人磋商妥協的方案。

➧與別人分享最後一塊巧克力。

➧在年長乘客的要求下，把巴士上的座位讓出。

　　為了要了解這些模式，如何在特定的情境進行，讓我們回到在海灘粗魯地對朋友惡作劇的例子，並分析他們採取的不同模式。當西格與絲黛拉在玩的時候，海浪正打來。當時他們都處在自然兒童模式中，沒有注意到。突然間西格注意到了。

　　他說：喂！絲黛拉，海浪幾乎要打到石頭了。（成人模式）

　　絲黛拉詢問：你認為我們可以待在海灘多久？（成人模式）

　　西格向她伸出手，表示：再待下去太危險了，我們最好離開。（夠好父母模式）

　　絲黛拉抱著他笑說：喔！我們玩得正開心呢！（自然兒童模式）

　　西格：嗯！如果我們不走的話，會被困住的。（成人模式）

　　絲黛拉推開他，並踩他的腳，表示：太早了！我還不要走（適應性兒童模式）

　　西格大叫：快點，我們一定要走了。（夠好父母模式）

　　絲黛拉指著他回答：看看你，膽小鬼！振作點！（適應性兒童轉為不適任父母模式）

　　西格打她的屁股並叫罵：小姐！不要這樣對我說話。（不適任父母模式）

　　絲黛拉嘟著嘴表示：我告訴你，我要什麼。（適應性兒童自我）

　　西格指著海浪的高度並表示：再過五分鐘，我們就會被困在這裡

　　了。（成人模式）

西格：快跑！（自然兒童模式）

絲黛拉驚嚇地哭叫：好啦！跑到石頭上面。（自然兒童模式）

　　切記，我們在這裡分析的是，他們的功能模式，也就是他們所做的與所說的、以及他們的溝通過程，而非是可以給我們其行為背後的起源與理由更進一步資訊的結構性自我狀態。我們稍後會回到這部分，看看如何將此兩模型結合。

應用一：微觀的觀察
（microscopic view）

　　上述海灘邊西格與絲黛拉的案例中，我們已經有效地以顯微鏡觀察兩個人之間，發生了什麼事情，並根據功能模式，分析他們之間的交流。藉此，我們開啟了不同選擇與替代方案的可能。功能性模型提供我們現成的替代資源。在他們溝通的任何一個時刻，都可能會有一個以上的替代模式。讓我們舉一組語言交流為例：

西格：再待下去太危險了，我們最好離開。

絲黛拉：喔！我們玩得正開心呢！

　　回應西格的夠好父母模式，絲黛拉可以有不同的選擇。這裡她以自然兒童模式回答，她也可以透過由自己的夠好父母模式來反應，與

西格的**夠好父母**模式共鳴：「好的！我也不想讓我們困在這裡。」

她也可以以**適應性兒童**模式回應：「好吧！你都這麼說了。」

或者是：「我不要，你總是這麼跟扈。」

或者以**不適任父母**模式回應：「不要小題大作。真的沒有關係的！」

或者是成人模式：「好的，我想也是。海浪也快來了。」

這些替代選擇中的一部分，將會改變（即使只有一點點）接下來的反應。我們已經知道，所有溝通的結果都是正向與健康的；但是，如果西格持續地保持在成人模式中，只提供精確的觀察，結果或許並不是如此有效。假設絲黛拉也繼續停留在叛逆的**適應性兒童**模式，情況也會差不多。他們流暢地在不同的自我狀態中移動，並且達成了正向結果的這件事實，或許也顯示了他們的心理健康。

但是有時候，人們並不會像這樣地流暢。他們卡在相同的功能模式中，於是所造就的結果，可以包括無止盡地陷落，以致於絕望與悲慘。透過發展對自己功能性選擇的覺察能力，以及做更多有意識的選擇，人們可以避免這樣的結局，確保快樂、喜悅、滿足與創造性。

與個案合作時，可以畫出功能性圖表作為交流圖譜，供做行為觀察的有效工具（圖 8）。以下是稍早介紹，關於可供有效運用的結構模型，當中的三種溝通規則。使用這個模型在分析交流的過程時，如果對**父母**與**兒童**模式作水平的切線，會比作垂直的切線，來得較為清楚。

在這個案例中，法拉姐正在與先生傑夫，發展另外一系列交流。源自於傑夫的**夠好父母**模式，是刺激的來源，意圖與法拉姐的**自然兒童**交流：「我請你喝咖啡好嗎？」但是法拉姐，則從**適應性兒童**反

應,回應傑夫的*不適任父母*:「不要,我沒空!」換句話說,就是交錯交流。傑夫回應了另外一個交錯交流,是由他的*適應性兒童*,回應到法拉姐的*不適任父母*:「你總是反對我!」於是接著吵鬧不休。

現在,傑夫可能正由*不適任父母*模式傳達隱藏交流,到法拉姐的*適應性兒童*模式,訊息是這樣的:「你無能。」這也正是法拉姐所回應的對象──*不適任父母*。如果我們進行法拉姐的結構分析,我們可能會發現,她正執行她所內攝的父母自我狀態,那是法拉姐小時候,母親經常對父親反應的模式。這對諮商室裡的工作進行,將會很有用處。不論如何,法拉姐如果想要停止現在與傑夫的混戰,她可以選擇由不同的功能模式作出反應。所以她可以做什麼選擇呢?

1 她可以藉由*自然兒童*回應*夠好父母*,表示:「好啊!我也想要喝杯咖啡。」或者:「不用了,謝謝!不要現在好嗎?」維持互補交流。

2 她可以有效地由她的*成人*回應*成人*,藉由表示:「我知道你很認真,但是有時候我認為你為我做得太多了。」交錯交流,並引發不同狀態的發展。

3 她也可以用另外一種方式交錯交流,藉由她*夠好父母*對*自然兒童*表示:「喔!不。我這時候要喝茶的。」。

當根據不同的功能模式,與所試驗的替代選擇,分析交流時,許

譯者案:本章中楷字體字型的*兒童*、*成人*、*父母*意指功能性模型中的*兒童模式*、*成人模式*與*父母模式*。如指涉的是自我狀態,都會以兒童自我狀態、成人自我狀態以及父母自我狀態全文表示,以茲區別。

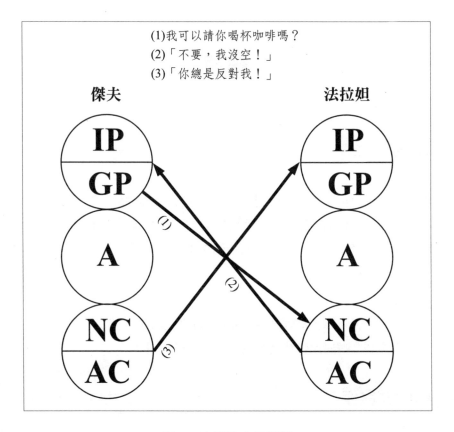

(1)我可以請你喝杯咖啡嗎？
(2)「不要，我沒空！」
(3)「你總是反對我！」

傑夫　　　　　　　　　　法拉姐

圖8　功能性交流圖譜

多在關係中卡住的行為模式，都可以被克服。因此，在幾種交流分析模型中，功能性模型是運用在夫妻工作中，最有效的模型之一。

練習

自我

1　寫下最近與某人進行的對話，根據所採取的功能模式，標示每一段交流。你需要回憶身體姿態與姿勢、音調等等來幫助你分析。

2　選擇對話中任何一個時點的一個交流，供應一個你可以發掘的替代功能模式的反應。

3　在對話中，不同時間點，以這種方式加以實驗。任何你的替代選擇，是否可以相當程度地改變對話的歷程？這些會是比較可行的選擇嗎？哪些比較特別？為什麼會比較有用？

與個案合作

1　把功能性模型引介給你的個案，並探討你個案的功能模式。

2　當個案提出關於與其他人溝通的事件時，邀請他們描述交流的狀況，並分析其採用的功能模式。

3　畫出交流的圖譜，以及對話中重要的轉折點。交流中發生了什麼？交流是互補的或者是交錯的？隱藏訊息是什麼？

4　對於圖譜中的每一個交流，探討可以使用何種交流模式來替代。

應用二：放射顯影式的觀察
（X-ray view）

　　行為與交流模式的功能性模型，也同樣可以用來檢視人們內心裡發生了些什麼，在我們內在（精神內在）裡不同部分的交流。你可能記得我們在這本書開始的章節中提到，在樓梯間跌了一跤而卡住的她。如果你回過頭去看，你現在可能很容易地，以功能模式分析兩個人之間交流的相同方法，來分析大部分的內在交流。

　　內在對話，經常處在我們所覺察的範圍之外，但是藉由觀察不同情境中的我們，我們可以變得與內在對話更為協調共鳴。我們可能會發現，大部分的內在對話，都是來自於我們自己*不適任父母模式*，以及我們*適應性兒童模式*中，所回應出來的順從與叛逆；或者是，我們使用我們*夠好父母模式*，鼓勵我們的*自然兒童模式*；或者，在花了絕大部分的時間，我們以*功能成人*的角度在觀察，以及客觀地澄清我們的經驗。

　　如果我們與其他人之間的交流有諸多選擇，我們的內心也會因此有更多內在的選擇。在應用一已經使用的練習，也可以被用來探索與改變我們的內在交流。於是就有了這些不同的交流方法，也因此可以提供作為問題解決與形成決定的資源。Stuntz 設計出所謂五張椅的技巧（Stuntz, 'Multiple Chairs Techiique', *TAJ,* 3, 2, 1973）。

五張椅技巧的操作

在治療時段中，宋雅告訴諮商師，她有個可以獲得更多薪資的工作機會，但是為了這個工作，她需要搬到城裡另外一個區域，並需要在某些日子，備勤等候通知。自從接到了這個訊息，她便處於一種困惑的狀態。諮商師的建議是，她如果可以將內在對話帶到意識層面來的話，便可以完成一些澄清，並藉由五張椅技巧（five chair technique）探討可能的選擇。他們於是設置了五張椅子，擺設如同盤中的五顆骰子一般，呈現出功能性模型圖譜中的五種功能模式（參考頁62）。諮商師建議宋雅一開始坐在成人的椅子上，客觀地列出遭遇的問題。以下呈現會談中，一段精簡過後的對話錄：

宋雅（成人）：我獲得一個升遷的工作機會。薪資比現在的好多了，但是那意味著，我需要搬到城裡的另外一區。因此我真的感覺到很興奮⋯⋯

諮商師：聽起來，你現在好像轉變到自然兒童模式。看看你在這張椅子上要說些什麼話。

宋雅（自然兒童）：是的，這個機會的確令我感到興奮。我認為這個工作將會更有樂趣，我會認識更多的人，結交新朋友。但是我並不想要搬家，這樣我會很少見到老朋友。

諮商師：好的，看看你適應性兒童模式會說些什麼。

宋雅（適應性兒童）：我不認為我真的夠好。我認為我很可能會失

敗。到時候沒有人喜歡我，我也交不到任何朋友，我會孤
單地住在城裡陌生的區域。（停頓）我想我知道這感覺是
怎麼來的。

諮商師：好的，換到那張椅子。

宋雅（**不適任父母對適應性兒童說話**）：沒錯，你真的應該留在原
地。你知道你應付不來那個工作的。你或許可以在會談當
中騙了他們，但是不久他們就會了解得夠多，你也會後悔
的。

宋雅（**轉到夠好父母**）：這不是真的。你的面試表現好，是因為你
已經有了正確的方法與經驗。你相當有能力，可以把事情
做好的。此外，人們喜歡你，你可以很輕鬆地交到朋友。
我知道你有點嚇到了。做這樣的改變，會害怕是正常的，
但是你仍然可以堅持下去，把握這個機會。即使有這樣的
負向思考，也不要因此嚇壞了自己。就如你所說的，這也
令人感到興奮，不是嗎！

宋雅（**轉到自然兒童**）：是啊。既興奮又令人害怕，但是我不需要
讓我的負向思考阻礙了我。這樣我可以放輕鬆了。但是我
仍然在乎我的老朋友。

諮商師：回到成人，想想朋友的問題，有什麼解決之道呢？

宋雅（**成人**）：嗯，我想想！一旦搬家了，如果要與老朋友保持聯
繫，我勢必要規劃一番。我可以確定的是，安排時間去拜
訪他們，或者請他們到家裡來作客。可以安排在星期假日
與國定假日，甚至在我隔天可以晚點上班，或者不需要備
勤的時候。

諮商師：你好像可以相當規律地看到老朋友囉！

宋雅（成人）：是的，我想我讓我的**不適任父母**利用了，讓事情看
來因為某個原因停滯不前，卻沒有想到解決的方法。如果
我聽從我自己的那一部分，我會沒有辦法做任何的事情。

諮商師：你想要在**自然兒童**的椅子上停下嗎？說說你的感覺如何？

宋雅（自然兒童）：的確，真的很輕鬆。我感到全身的負擔都被排
除了。我痛恨**不適任父母**，每件事都要壓迫我。我會接受
這個工作。我很高興我可以處理得這麼好。事實上，我對
我自己很滿意。

使用五張椅技巧並不總是可以獲得這樣清楚的結局。不論如何，
它可以幫助我們看清面對不同情境與問題時所採取的態度。將這些帶
到意識層面來，澄清所持的態度處於何種模式，可以大大地幫助問題
解決的歷程。使用五張椅技巧，在椅子間移動來移動去的，不見得必
要——你的諮商室可能也不夠大！但是，身體的移動，的確有助於辨
識出我們在不同模式中，所持的態度，並且有助於在每一個模式中，
分化得更清楚。如果不可能在椅子間移來移去，可以為每個模式，採
取不同的姿勢，你的個案將不同姿勢的狀態，連接到特定的模式中。
畫出圖譜或者是個案自己擬出草稿，都是不同的進行方法。如果你要
從你整合的成人自我狀態，操作本書中所建議的練習，而非只是對內
攝的材料有所反應，試驗與調整出適合諮商師個人風格是相當重要
的。

練習

自我

1 考慮最近需要做的一個決定，使用五張椅技巧，協助自己的決定歷程。

2 你有沒有注意到，自己不同功能模式的反應？是不是有些模式會比較有幫助？在哪些模式之間，你最可能感受到否定？你如何運用其他的模式，解決這些問題呢？

與個案合作

　　當你的個案提出決定某問題的困難，或者面對某種處境的困惑時，使用五張椅技巧，探索其不同的功能模式。鼓勵個案進入所有的五種模式中了解全貌。當你或個案感覺到恰當的時候，促使個案由一種模式轉移到另一種模式。開啟兩種模式間的對話，可能具有建設性，並可獲致問題的解決，或者是可以抵達膠著點。當你認為轉移到另一個特定的模式，會比較有用的時候，請你的個案更換座椅。你或許會請個案坐到成人座椅上，對不同模式間所發生的事情表達意見。提供客觀的評價，經常對下一次的轉換會有幫助。

應用三：巨觀的觀察
（macroscopic view）

　　此模型運用在個人，以及與個案的合作中，另一種方法，就是描述一個人在生活中如何運作，藉此獲得有益的改變。這可以用來回答以下的問題：

- 個案是否廣泛使用所有的功能模式？
- 如果沒有，他缺乏的是什麼？哪種功能的發展，可能會比較有用？
- 個案經常使用哪一種模式？有用嗎？
- 個案對自己與他人都用相同的模式嗎？

　　我們採納了 Jack Dusay 自我圖的原始概念（*TAJ*, 2, 3, 1972），製作了功能模式的餅型統計圖（圖 9）：採納何種功能模式與功能模式之分布比率的圖示。根據個體在每一種模式中，所花費的相對時間與能量，五種功能模式分別坐落於餅型統計圖中不同大小比率的位置。這顯然是比較傾向直觀的評估，而非科學的計量。最好以你的直覺評估，哪個是最常使用的功能模式，繪製相對比率的餅型圖來呈現。接下來評估你最少用到的功能模式，並於第一個部分旁邊，以相對比率加以繪製來呈現。接下來可以參照最常見與最少見的功能模式，以其間的比率來評估，並將其增添到餅型圖中。你可以與熟識你的人討論

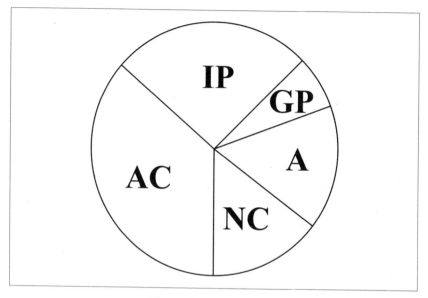

圖 9　功能模式餅型圖

後，加以檢查你的圖形分布。技術上，如果你選擇一天來分析你的所有交流的話，你便可以獲得相當精確的輪廓。

衡定假說
（the constancy hypothesis）

Jack Dusay 在他的文章中建議：「當一種自我狀態（我們的功能性模型中的一種模式）強度增加時，另外或其他的模式便會相對減少，以獲得妥協與平衡。」精神能量將會移動，但是總能量是保持不

變的。於是，一個人如果花費在自然兒童模式的時間增加的時候——藉由安排更多的時間與朋友相處、獲得更多的娛樂與樂趣等等——同時便會減少他們的不適任父母模式與適應性兒童模式。在任何一次的會談時段中，使用餅型圖可以清楚地顯示任何一種能量分布的改變，將相對地引發另外或者其他的能量改變。

我們以上列的餅型圖（圖9）作為例子。詹姆士透過繪製餅型圖，了解到他花了大量的能量在適應性兒童模式與不適任父母模式中。這兩種模式很清楚地互相作用並彼此增強。在適應性兒童模式中，他會毫無疑問地對他人的要求採取順從的態度。在不適任父母模式中，他會過度煩惱其他人的事情，為別人做很多。相對地造就了前例，讓他人對他有所求，於是他再以適應性兒童回應更多，諸如此類地循環。餅型圖中特別強調，他缺乏自然兒童與夠好父母的模式，也同樣相當缺乏成人模式。

在諮商中，詹姆士決定專注於擴大發展他的夠好父母模式，用來對待他人與自己。對待他人，他在所提供給別人的方面變得比較恰當，等候別人提出要求（而不是要求），讓別人運用自己問題解決能力，只有在當別人真正需要的時候，才貢獻他所擁有的技能。他了解到做為一個夠好父母，是允許他人獨立，並且了解自己對他人是擁有權力的。對待自己，他則採取較為撫育性的態度，停下來並思考自己應當有的需要，並且要求自己的需要，適當地被他人所滿足。在這過程中，他於是增強了自然兒童模式的能量，也同時增強了成人模式的能量，如同圖10中第二個餅型圖一樣。

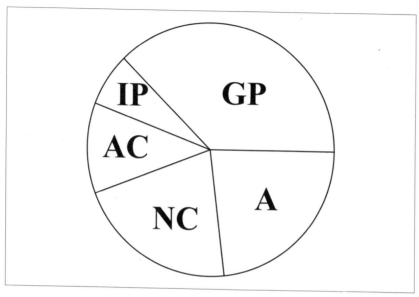

圖 10　詹姆士後來的功能模式餅型圖

練習

自我

1　以五種功能模式作為標題，列出你一天當中所採取的行為種類。如果可以連續幾天重複進行這個練習，針對你的功能模式如何運作，做一番比較廣泛的了解，也同時幫助你，更輕易地辨識你的功能模式，這樣將會比較有用。

2 運用上述的方法,畫出自己的功能模式餅型圖。如果你畫出不同生活處境中的餅型圖,你可能會感到很有趣。有些人會發現自己在工作中與在家庭或社交場合中有極為不同的餅型圖分布。你可以藉由比較這些餅型圖來探索不同的功能模式。

在團體中,要求其他的人畫餅型圖,來說明對你的認識,並比較你自己如何地看待自己,將會令人十分振奮。這兩者之間如果有所差異,看看你是否可以弄清楚為何會如此。

畫出你的餅型圖之後,有沒有發現任何你想要改變的地方?如果有的話,專注可以最有效地增加的功能模式。舉出剛才你所列的一些行為,以及那些我們提議作為每一個標題下的案例。你可能需要就某些你已經採取的行為,增加其頻率,或者你可能需要選擇一些新的行為。請你選擇一系列的行為,並與自己約定,每天練習這些行為相當的次數。記得,你愈能夠具體,事情愈是簡單。

運用餅型圖,並在兩個星期結束後,畫另外一個餅型圖,作為測量功能模式分布改變的工具。如果你剛開始的時候,便央求別人為你畫圖,現在則要求他們對你觀察一番,並再畫一次。在專注於增加某一個功能模式之後,你有沒有注意到另外的模式如何呢?是否果真符合衡定假說呢?很可能不巧,也附帶地減少了你所不願意減少的模式(例如,專注在增加你的夠好父母模式,你可能會讓你的自然兒童模式感到痛苦)。這些進一步的改變是你所希望的嗎?如果是的話,請你重複上述的步驟。

與個案合作

1 使用上述第一個練習，協助你的個案熟悉他們自己的功能模式。

2 與每一位個案一同繪製餅型圖，呈現個案功能模式的大致分布。

3 與個案討論圖中所希望改變的部分，並訂定改變的行為契約。例如，你的個案可能選擇增加自然兒童模式，並訂定契約，每天至少安排一個小時與其他人從事休閒娛樂。鼓勵你的個案，列出如何安排時間，打網球、散步、開放地對別人表達與訴說自己的感受，諸如此類。

4 過一段時間，再畫一次餅型圖，測量個案的改變。

結合結構與功能模型

　　我們曾經指出，結構模型與功能模型有時候會被混淆。因為兩種模型都是用三個疊在一起的圓圈來表示，因此經常會被認為，其中的一個圖譜可以簡單地被重疊到另外一個上面。事實並非如此。如果這麼做的話，我們實際上是在暗示，內攝父母自我狀態，只能以不適任父母模式或者是夠好父母模式兩者，任何一種模式運作，整合性成人自我狀態，只有在成人模式中運作，原型兒童自我狀態只以適應性或者自然兒童模式運作。這樣的觀點不僅狹隘，也不正確。事實是，我們可以在每一個結構自我狀態中，運用五種功能模式的任何一種。我們可以藉由在結構圖形的每一個自我狀態中，繪製出功能圖譜來呈現

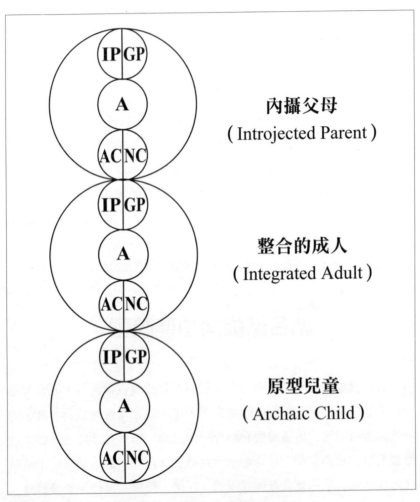

IP GP

A

AC NC

內攝父母
(Introjected Parent)

IP GP

A

AC NC

整合的成人
(Integrated Adult)

IP GP

A

AC NC

原型兒童
(Archaic Child)

圖 11　結構與功能模型的結合

這種狀態,如圖 11。

　　讓我們以雷雅做為案例,來探索結構與功能模型如何結合。例

如，由雷雅的**內攝父母**開始，我們可以辨識出來自她的母親，該自我狀態中的感覺、思想與行為。為了近一步闡明她內攝的自我功能如何運作，我們便可運用功能模式。換句話說，我們可以使用五種模式，來描述雷雅如何從這個結構中來運作。繪製雷雅母親的功能模式餅型圖，將可以提供關於這些模式一般水準的進一步資訊。

我們將會發現她的母親具有相當程度的**不適任父母**模式，她十分鄙視雷雅，以及她自己的**自然兒童**模式。加上經由不足的**夠好父母**模式，在缺乏撫育技巧的過程中，進一步地形成雷雅內攝的功能模式。雷雅的母親，她的**成人**功能模式缺乏問題解決能力，於是反應在高度使用**適應性兒童**模式，依賴別人來告訴她該怎麼做。她的**自然兒童**模式幾乎不存在。所有這些功能模式，都是雷雅結構模型中**父母**自我狀態的一部分。

如果我們回到雷雅的**原型兒童**自我狀態中，探索其所採取的功能模式，我們可能會發現有些相當不同的部分。例如，我們或許會發現雷雅，在這個自我狀態中，有高度的**夠好父母**模式，藉由這個功能模式，在她過去的兒童時期，照顧著她不適任的母親。在這個狀態中，她的**不適任父母**功能模式是相當少的。她可能擁有相當高的**成人**功能模式，因為從小時候，由於她母親的不善照顧，她因此需要獨立並自給自足，為自己解決問題。很可能她的**自然兒童**模式相當少，因為她需要在家庭中扮演成熟的角色，於是為了順應她母親的需要，她的**適應性兒童**功能模式將會很多。

在她整合的**成人**自我狀態中，當不受到**內攝父母**或者**原型兒童**的干擾時，我們或許可以發現雷雅相當具有彈性，也在選擇不同的功能模式時相當順利。她可以從這種自我狀態下，有意識地為自己的**兒童**

自我狀態，建立更具建設性的功能模式，並且減少採用**內攝父母**自我狀態，除非是來自於父親較為正向的部分，或者後來所接觸的重要人物。她可能會認識到她在*自然兒童*模式的貧乏，正如許多的個案一般，會希望在這一方面做改變。在整合的成人自我狀態中，她可以有效地在現實生活中模仿其他人，並且有意識地練習新的選擇。

應用

　　透過上述雷雅案例的說明，可以相當程度地闡明，結構模型與功能模型的結合運用。基本上，這樣的結合也可以同時用來探討自我狀態（結構）的內容，以及人們在不同自我狀態交流的過程（功能）。這也可以深入闡釋，一個人在不同的處境中，必須選擇不同功能模式的複雜性。不論如何，我們並不是要建議你使用十五張（或者更多）椅子的技巧，除非你有很多的時間與空間，而你也是那種可以記得足球賽中每一節得分數字的人。

練習

自我

1　在父母或者父母形象人物當中，選擇一位已經成為你**內攝父母**自

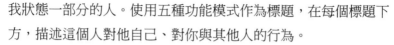

我狀態一部分的人。使用五種功能模式作為標題，在每個標題下方，描述這個人對他自己、對你與其他人的行為。

2　針對自己的原型兒童自我狀態，做同樣的練習。描述你在每一種模式中如何運作。

3　重複上述的練習，探討你的整合性成人自我狀態。有沒有在這種狀態下的特殊功能模式存在？是哪一種呢？哪一種功能模式，是你從父母或者兒童自我狀態中整合而來的？有沒有哪一種功能模式需要發展呢？

與個案合作

1　運用你剛才為自己做的練習，與個案合作探討他們功能狀態的內容，以及這些功能模式運作表現的過程。

2　當探索一個處境時，建設性地結合兩種模型，擴大選擇的可能性。藉由詢問，例如：「你的母親／父親／老師／鄰居在這種處境下，會怎麼做？」或者：「你小時候是怎麼處理這種問題的？」發掘個案內攝父母自我（狀態）中有何資源可供運用？邀請你的個案，扮演過去的那個大人或者小孩，運用五張椅技巧來了解這些資源。

安撫

　　人們需要其他人。我們接受母親子宮的滋養，經過九個多月的發育，出生後仍然需要，以及尋找與他人的接觸。在我們一輩子當中，不論過著何種生活，這種需求與追尋仍然持續不斷。即使成為隱士，仍然需要父母，或許只是在大腦中，然而仍然追求與他們的規律接觸。

　　在我們非常早期的生活中，如果沒有受到適當的保護，我們會很快地死亡。我們很明顯地需要食物、溫暖與保護。然而即使我們在這方面獲得充分的滿足，卻缺乏與他人的接觸，或許並不會死亡，但是我們的情感、心理與生理卻會受盡折磨。嬰兒在出生後的幾週內，可能因為需要，而被放在保溫箱中，有了足夠的食物、與適當的溫暖以及保護，將可以獲得良好的生存；然而已經獲得證實，即使是透過保溫箱孔上塑膠手套，與他人間的身體接觸，都會讓嬰兒的復原更理

想，也有更健康的發展。在發展過程中的另外一個端點（老年），許多的老人病房，引進了動物醫師，也就是認同兩種安撫的方法（人與動物），都是具備有效協助復原的功能。

Eric Berne 曾經使用「認可的渴望」（recognition-hunger）與「刺激的渴望」（stimulus-hunger）（請參考第八章）描述人們所需要的這些接觸。他使用名詞「安撫」（stroke）來描述接觸本身，並定義它為「一組認同」（a unit of recognition），或者是「任何反應認同的行動」（any act implying recognition）。根據此一定義，於是所有的交流（transactions）都可以稱為安撫的交換。隨著我們年齡漸長，需要這種安撫的頻率或許下降了（雖然社會與文化的制約，或許可以相當程度地解釋這種下降），但是身體安撫仍舊對我們，以及我們的生活品質十分重要。我們學會了以語言與姿勢上的安撫，滿足刺激與認同上的渴望，藉以替代身體上的安撫。陌生人簡單的一句「你好」、一個微笑或者是一個蹙眉，都是一種安撫，不論如何都可能最低限度地滿足我們的需要。那至少反應出我們的存在，以及可以因為獲得存在的認同而感到舒適。

安撫的型態

身體、語言與非語言的安撫
（physical 、verbal and non-verbal strokes）

稍早，我們已經提到身體安撫的重要性。以下是所謂的身體安撫：一個擁抱、拍拍肩膀、握手、按摩、握住手臂、即使是在嘴上打一拳都是身體安撫。語言上的安撫，是關係到彼此間語言的交流，可能是一句話、一段愉快的談話、或者是一連串的語言暴力。非語言安撫，指的是我們所使用的姿勢性安撫，有時候與語言是沒有關聯的，但是經常是伴隨著我們的語言溝通：例如一個微笑、蹙眉、搖頭、擁抱（同時也是身體安撫）、打發人的揮手，都是所謂的非語言安撫。語言與非語言安撫上的落差，有時可能引發我們懷疑語言安撫的真實性。

正向與負向安撫（positive and negative strokes）

任何表達愉快意圖的安撫，就是所謂的正向安撫。相對地，任何表達不愉快意圖的安撫，就是所謂的負向安撫。不管安撫如何地被解讀，安撫的意圖定義它為正向或者是負向。「很高興見到你！」是正向安撫。接收到這個安撫的人可能以類似的正向安撫加以反應：「我

也很高興看到你！」或者他卻以負向安撫回應：「嗯！你可以早點來看我的。」因此，也相對地邀請對方以負向安撫回應。現在你可能已經注意到這是一種交錯交流（crossed transaction）。然而有些人為什麼會這麼做呢？正向的安撫可以很輕易地讓一個人感覺到愉快，但是他們為何非得要尋求負向的安撫呢？為什麼有些時候，人們總是比較喜歡聽到負向的安撫，卻不喜歡正向的安撫呢？

要回答這個問題，我們可能需要回顧這個人的童年環境。我們可以發現，在某些特殊的家庭中，可能很少有安撫。面對剝奪了安撫的狀態，一個兒童可能會設計出吸引負向安撫的方法——負向安撫也比沒有任何安撫來得好。被侮辱可能比被排斥與放逐來得好。遭受身體虐待，會比單獨監禁的安撫剝奪來得好。或者我們很可能發現，在某些特殊的家庭中，負向的安撫是唯一所能提供的安撫。於是兒童在相信負向安撫是唯一可能的安撫，不可能聽得到正向安撫的狀況下，他們因為缺乏熟悉感，於是對正向安撫變得十分不敏感。你或許正是十分熟悉這些家庭的老師，你有些學生來自於安撫受到剝奪，或者是傾向於負向安撫的家庭。你可能在開始的時候，企圖給予他們正向安撫——你知道這是他們需要的——但是到最後，被他們破壞的行為搞得精疲力盡，並且以他們熟悉的負向安撫收場。改變這樣的安撫模式，可能是相當艱鉅的工作。與這樣的學生相處，需要長時間的經營，你的成功則依賴你生活中源源不絕的正向安撫。如果你缺乏正向安撫，你也很難給予別人正向安撫，特別是他們似乎在要求負向安撫的情況下。這種情況同樣也發生在諮商工作中。

制約（條件化）或非制約性的安撫
（conditional or unconditional strokes）

　　制約性安撫，是根據你做的某些事情所給予的安撫。根據我們的表現，我們可能獲得正向或者是負向的安撫。「你煮的飯真好吃！」是一種正向的制約性安撫。「我真的很不喜歡你的髮型！」是一種負向制約性安撫。非制約性安撫是不需要任何行動的安撫，它們只是基於我們的存在。它們因為我們的存在，而不需要採取任何的表現。最顯著與被渴望的正向非制約安撫就是：「我愛你！」相對的負向非制約性安撫是：「我恨你！」「你這麼好相處！」是一種正向非制約性安撫。「我不喜歡你長得這麼高！」是一種負向非制約性安撫。

　　在這四種型態的安撫中，有三種對於人類這種有機體的幸福是相當重要的；但是第四種負向非制約安撫，則只有傷害罷了。在生命的歷程中，負向非制約性安撫幾乎是無可避免，但重要的是，尋找如何處理的方法。我們並不需要接受或者是背負著這種安撫。例如，我們可以忽略這種安撫，或者探討這種黑暗可能的隱藏原委。

透過安撫獲得增強
（reinforcement through strokes）

　　我們渴望安撫的天性，扮演人生腳本發展的重要角色（參閱第七章），並影響我們成人的生活方式。當我們是個小孩的時候，因為需要，我們盡可能地調適我們的行為，以獲得更多的安撫。如果小孩用

某個特殊行為來吸引安撫，這個行為就被增強。小孩重複該行為，獲得相同的安撫，該行為更進一步地被增強。很可能到了成年的時候，只要還是繼續受到他人以相同的頻率與強度的安撫所強化——或者來自於**內攝父母**的內在安撫——這種行為還是依然不會改變的。

想像一個在缺乏安撫的家庭中成長的小孩，飢餓地坐著等待食物與認同，然而父母卻看著電視不為所動。小孩說餓了，但卻得不到任何回應。小孩感覺到被拋棄了，於是開始哭泣。哭聲被忽略了。小孩哭得更大聲，但是仍舊被忽略。最後她聲嘶力竭地哭喊。這個時候父母中的一位走向她，皺著眉頭把她抱起來，並搖著她，大聲吆喝要她安靜。她身體的飢渴可能仍舊被忽略，雖然痛苦，但是她對於安撫的渴望卻已經被滿足了。下一次她感覺到飢餓或者被忽略的時候，便直接跳過哭泣與流淚，而直接以嘶喊來表達。於是再一次，她雙親中的一位會走過來，並且搖她，負增強（negative reinforcement）正在進行中。安撫的品質是身體的與負向的，安撫的強度是高的，頻率則變得規律。這個小孩現在知道了只要她嘶喊，就會得到注意。很可能到了成年的時候，即使場合與情境並不恰當，她仍舊會持續藉由大聲或者是要求，吸引別人給她類似品質與強度的負向安撫。她會透過兒童自我狀態來知覺這個世界。

想像相同的場景，但是這一次甚至是小孩的嘶喊都被忽略，這種處境也重複多次。她最後則是「放棄」，而安靜地獨自坐著。當她的父母看完了電視，在草草地餵食她之後，便將她放到床上準備睡覺。如果持續這樣的模式，對小孩的需求沒有任何回應，很可能，她就會以被動或者是沒有任何要求式地長大，不針對她自己的需要做任何的表達與要求，認為別人也應該會注意到她的被動，於是只是等待著，

希望最後會得到他人的安撫。這樣的人，或許會在成人的生活中，即使事實與她的想像不同，也會經驗到到缺乏的感受。再一次地，以兒童自我狀態認知這個世界。

如果這個小孩的需要被回應。如果父母有餵食她，或者告訴她要等一會兒，但是她可以過來身邊，並在她等候的時候擁抱她。如果她因為需要等候而哭泣，父母會給予擁抱並且告訴她，她是個可愛的小孩。這樣的正向安撫，將會增強小孩提出要求來滿足自己的需要。到了成年的時候，她可能會在生存的世界裡如此表現：要求她想要的，表達她的感受，有時候處理被延遲的需求，並且感覺到自己是可愛的。

從這個案例當中，可以看到兒童時期受到安撫的型態，影響我們成年時期的行為，以及根據這種型態，知覺與經驗這個世界。

安撫的經濟學（the stroke economy）

在 Claude Steiner 的著作 *Scripts People Live*（New York: Grove Press, 1974）中，在安撫遭受剝奪的家庭中，Steiner 辨認出安撫的型態，有類似經濟體系的特殊規則。規則是藉由維持一個「稀有的迷思」（scarcity myth），控制著安撫的市場。在市場（家庭）中，安撫的價格於是被控制得十分高昂，於是最後用來交換的行為，看起來則近乎勒索一般。父母以這種方式控制著安撫經濟，以及他們小孩的行為：一種直到成年仍有影響的控制。Steiner 將安撫經濟稱作為「冷血（lovelessness）的基本訓練」（頁 137）。

於是在兒童時期，便被植入「人類只有有限的安撫能力」的信

念。事實上，人類擁有無止境認同與欣賞他人存在的能力。安撫經濟學的規則如下：

- 如果你有安撫他人的能力，不要給別人安撫。
- 當你需要安撫的時候，不要提出要求。
- 如果你想要安撫，不要接受它們。
- 當你不要它們的時候，不要拒絕。
- 不要給自己安撫。

接下來我們將一條一條來討論這些規則。

不要給別人安撫

基於「稀有的迷思」，假設安撫是如此匱乏的，最好是保留著，不要輕易給別人。即使是在我們可能對別人有正向的想法與感受的時候，我們都會將我們可以給別人的安撫保留起來。

不要要求安撫

我們大家對這個可能最熟悉。這是基於一種信念，也就是如果我們必須提出要求，那它就變得沒有什麼價值。它在某一程度會變成仿冒品。但是我們如果記得，關於不要給別人安撫的第一條規則，我們可以看到我們想要，或者可以要求的安撫，經常是他人真心想要獲得，或者是想要給予的。藉由要求安撫，我們可以正向地改變別人，以及我們自己的安撫經濟學。如果我們不相信這樣的安撫，我們總是

可以以某些方法加以驗證，或者是要求再給一個。

不要接受安撫

　　這個規則可能也涉及到，以貧乏迷思為基礎，相當程度的不信任感。如果一個人可以無限制地給我安撫，它可能很有價值嗎？為什麼他們會一如往常地施予呢？或者，如果他們要給我安撫，他們一定會期望作為交換，而對我有所要求。或者，他們只是善良罷了。或者，我們拒絕接受安撫，可能是基於我們對自己的沒有價值與不值得的知覺。

　　以下的對話，為一個有關於拒絕安撫的常見案例：

　　「我真的很喜歡你的襯衫。」

　　「喔！這件舊衣服，我是在跳蚤市場買的。」

　　這裡的安撫並沒有被接受，似乎沒有被聽到。第二個人所回答的訊息與第一個人所提到的襯衫一點關係都沒有。

不要拒絕安撫

　　這裡所描述的規則，似乎與以上的規則相反，但是有一些安撫卻是我們被制約下接受的；適當的話，我們可能會質疑、挑戰或者是拒絕。女性可能在身體與心靈真正被視為一個整體的情況下，接受有關於她們長得很好看的安撫。或者是男性在當他們真正被認同他們的敏感度時，接受對於他們強壯的身體的安撫。拒絕類似制約下，社會標籤化的安撫，並且要求更具有價值的安撫，是改變安撫經濟學的一種簡單方法。

不要給自己安撫

英國人似乎給這條規則，訂了許多規範：謙遜是美德、對自己感覺到自信是「愛現」、自貶幾乎是被鼓掌叫好的、而自慰則是一種罪惡。改變這些規則，意味挑戰我們在兒童時期所接受的資訊，這些資訊已經藉由內攝父母的自我狀態，不斷重複的過程，成為不朽。

應用

不論我們是否有所覺察，我們持續地給我們的個案安撫；而且在進行的過程中，也不斷地正向或者負向增強他們不同層面的行為。用以取代 Carl Roger 的「詞彙」：「無條件的正向回饋」（unconditional positive regard），我們可以說，我們經常給予非制約的正向安撫（unconditional positive strokes）。接受個案本來的面貌，不加以判斷，增強個案本來的面貌。即使諮商師口中最不具引導性的「嗯！哼！」，有些增強還是已經發生。如果我們考慮所有的「很好」、「不是」「我了解」，每一個點頭、微笑、蹙眉、身體動作，以及每一次我們沒有說話的時候（個案可能經驗到的是不給予安撫），我們可以開始估計，有多少的安撫行為，與相對的增強過程正在進行當中。如果我們問個案：「你覺得如何？」我們正在增強他們的存在、感受與感受的表達。我們正在作一個判斷：感覺一般來說是好的，也就是說表達他們的感覺是好的。我們究竟是不是安撫與增強個案的行為，相對於覺察何時、如何與為何如此，判斷起來較不具爭議。藉由觀察我們自

己以及個案的安撫模式（見接下來的練習），我們可以增加我們自己如何以及何時正在安撫健康或者不健康行為的覺察。我們也可以更清楚地覺察，何時、如何、以及為何我們會利用個案來滿足自己的需求；抑或藉由確保能夠獲得治療關係外其他人的安撫，降低了自己在治療關係中這些滿足自我的行為。

　　交流分析諮商師，創造性地運用安撫，幫助個案改變。這些安撫包括身體的、語言的以及非語言的：例如，一個擁抱，一句「那好棒」，微笑地回應個案某些傾向自主性的想法、決定、行為或者是感覺。交流分析諮商師也會有意識地體認，不要安撫延續著個案難題的想法、決定、行為與感受。個案在不能覺察的情況下，會試圖引誘諮商師進入到他的參考架構中，並且尋求對他被制約與不健康的行為進行安撫。例如，一個個案可能會笑著說一些貶抑自己的事情，諮商師或許會加入這一種玩笑當中〔所謂絞架的交流（gallows transaction）〕；他可能相當被動，等待諮商師詢問他最終想要或者是達成的是什麼，卻是在期待源自於諮商師的同理，抑或是負向的安撫。

　　在諮商的片段當中，羅伯特談到一個最近被拒絕的求職面談：

羅伯特（笑著）：我很糟糕的！兩歲的小孩可能做得比我還好！

諮商師（拒絕參與嘲笑的邀請）：為何你會覺得自己很糟糕呢？

羅伯特：唉，你知道的，我本來就很愚蠢。

諮商師：不，我並不知道。我也不認為你愚蠢。我認為你很聰明。發生了什麼事情？

羅伯特：我嚇到了。他們問了我一些我都不懂的問題。

諮商師：不知道一些事情並不愚蠢。很遺憾你被嚇到了。你害怕什

　　　　麼呢？

羅伯特：我不知道。是的，我知道了。我父親總是希望我可以懂得
　　　　所有的事情。當他問我一些我不知道答案的事情，我便嚇
　　　　壞了，因為我知道那表示會是一場毒打。

諮商師：聽起來很可怕！

羅伯特：是的，以前是的。他說我很笨。那也是我現在告訴我自己
　　　　的話。

諮商師：我想你在這裡做了一個很好的連結。我尊重你跨越問題的
　　　　思考模式。

羅伯特：是的，我知道我真的不笨。

諮商師：這是真的。所以下次面談的時候，你需要什麼？

羅伯特：嗯，我知道我不需要知道所有的答案，但是需要做更多的
　　　　研究與準備。

諮商師：好的！這聽起來是個好的想法。還有別的嗎？

羅伯特（笑）：是的，下次我不要帶我爸爸一起去面談。

諮商師（也笑了起來）：那很好！

練習

　　我們要強調的是，你需要確保自己的安撫需求，獲得適當的滿
足：(1)於是你不會覺得，被個案所需要的大量關注與安撫需求所掏
空；因此，你才不會因為疲憊與挫敗，冒了給予個案負向安撫的風險
（或者是不適當的正向安撫）；(2)你也不會仰賴個案給你安撫，於是

向個案勒索，來滿足你自己的需求。這並不是說你的個案給你安撫是錯的，而是你不會依賴個案滿足安撫的需求。以下的練習在於幫助你分辨究竟是你自己的，抑或是個案的安撫需求，並且以健康的方式計畫並完成該計畫。

自我

1　回顧過去一個星期中，檢視以下所列的標題，並且列出你在哪裡以及哪些場景與交流中獲得安撫：
　　正向的身體安撫。
　　負向的身體安撫。
　　正向的語言安撫。
　　負向的語言安撫。
　　正向的非語言安撫。
　　負向的非語言安撫。

2　分辨這些安撫中，有哪些是制約性的？有哪些是非制約性的？

3　有關於你自己的安撫清單中，你注意到些什麼？是傾向於正向的，或只是負向的？傾向於制約性的，或者是非制約性的？是有相當的差異，或者某些型態相當少呢？這又是什麼呢？你想要改變這種面貌嗎？你需要減少某些地方的負向安撫，增加正向安撫嗎？

4　訂定一個計畫，改變你接受安撫的清單，變成較正向的面貌。想想你可以怎麼達成目標。你可能需要要求更多的安撫。你可能需要更具體地，要求你所需要的安撫類型。你可能需要更為積極

地，獲取正向安撫——每個禮拜接受一次按摩；允許其他人在身體上更接近你；運用直到現在你仍用在找尋與聆聽負向安撫的精力，聆聽與尋找正向安撫。寫下更具體的行動計畫，例如，我將要求為我所準備的每一餐，都有正向的安撫；我將聽到並接受老闆對我的正向安撫，而不會把它轉為負向安撫；每週五下班後，我會為自己預約一次按摩。諸如此類。

5　使用相同的標題，製作一份清單，列出你過去一個星期中所付出的安撫。

6　分辨制約與非制約的安撫。

7　這裡，你注意到什麼？使用第3題，檢視清單中你所付出的安撫。

8　計畫改變你付出安撫的模式，這會對你自己、朋友、熟識、同事、鄰居與陌生人都會有好處的。列出清單說明你將具體實踐的安撫行為。例如，我會每次都對花園裡的鄰居打招呼；我會在每天晚餐之前，花十分鐘為我的另外一半抓抓背；每天至少一次，我要稱讚我同事的工作表現。諸如此類。

9　重複第1題與第3題，檢討過去一個星期中，你已經給自己的安撫，並且就在現在，再做一個自我安撫的計畫。例如，我將在星期天晚上，給自己一個在莫札特音樂下的燭光泡泡浴；每星期二，我會安排自己在城裡吃一頓精緻的晚餐；每天上床前，閱讀一些我喜愛的作品。諸如此類，但是不要有任何先決條件。

10　如果你正在參與一個支持性團體或者是諮商團體，每一個人運用三分鐘（或者是更多）的時間，輪流給自己讚賞一番。聽的人以安撫性的評論，對這些讚賞予以鼓勵，就好像從自我安撫轉到對別人的安撫。這可以成為每星期團體中的常態過程。

11 列出一份清單，說明你自己最重要與最有意義的優點。把它貼在浴室的鏡子上或者是房子裡面，每天大聲地對自己複誦。例如，「我愛我自己。」「我真的很可愛。」「我的思考清晰。」「我喜歡自己的幽默感。」諸如此類。

與個案合作

1 對你的個案介紹安撫這個概念，以及它在我們日常生活中扮演的重要角色。

2 與你的個案分享安撫經濟學的原則，並且了解你的個案所遵循的原則為何。

3 鼓勵你的個案向你要求安撫，並且安撫他們自己——你可以在諮商過程中作讚賞自己的練習。

4 為了幫助你的個案接受安撫，詢問他們希望從你身上獲得什麼樣的安撫。鼓勵你的個案與你保持眼光的接觸——你需要很誠懇地願意給予安撫，假設沒辦法做到的話，你需要說明原委——專注地聆聽，當給予安撫的時候，深深地吸一口氣。這會幫助你的個案專注地聆聽到你的安撫，同時也可以在心理與生理層面將它吸收。

5 協助你的個案訂定一個行動計畫，使用自我練習，以他們喜歡的方式，改變個案的安撫清單。

6 覺察你如何安撫你的個案。避免與你的個案自我貶抑的部分共謀。針對建設性與健康的行為改變作安撫。

人生腳本

　　我們每個人都有一套人生腳本（life script）。也就是說，在生命的早期，我們每個人都根據當時的知覺與經驗，做了許多關於生命未來將如何開展的決定。我們經常概括我們特別的當下經驗，並將其視為永久的狀態。就如我們在第六章所描述，如果一個兒童在其童年時期經驗持續的負向安撫，這將成為他對未來生活的期待：這個世界於是被知覺為充滿負向安撫（negative-stroking）的地方，住滿了負向安撫的人們，這種期待也大部分都會被填滿並實踐。

　　腳本主要是在七歲前，受到父母、社會、文化與宗教的壓力，所形成的生命計畫。它決定了一個人生命的最重要部分。腳本在兒童早期撰寫，在稍晚的童年期間排演與修正，而在成年予以演出。（我們將在接下來有關遊戲與扭曲系統的章節中，探索腳本將以何種方法被實踐，如何被加強。我們暫時將停留在腳本的主題上。）

　　因為大部分的兒童，依賴他們的主要照顧者，他們對世界與各種概念，缺乏一般的經驗與知識，於是仰賴別人對這個世界、他們與其他人所作的解釋。想像一個小孩如何學走路。如同所有的小孩必經的歷程，跌倒是必然的，在每一次跌倒的時候，父母都會嘲笑她，並說她笨。小孩聽到嘲笑，停止了哭泣，也開始笑了起來。想像同一個小孩，在稍後的不同年齡階段，從樓梯跌倒、弄破碗盤、割傷自己、摔倒，每次都被嘲笑，並且被當作笨拙。想像這個女孩，在她青少年時期，藉由笨拙與滑稽的穿著，來獲得團體中同儕的歡迎。這個女孩，在她這麼做的時候，不僅在口頭上受到安撫，也在非口語的行動當中，得到安撫，同時她也接受了她是笨拙這樣的歸屬（attribution）。尤有甚者，嘲笑這非口語的安撫，也夾帶著暗示，表示這個女孩的疼痛是不重要的。有了這樣的經驗，這個小孩可能因此決定了與下列的一部分，或者全部有關的一個腳本：我是笨拙的；笨拙可以得到關注；笨拙可以引人發笑；笨拙可以取悅別人；我最好做些滑稽的事情，否則會失去別人的關注；這個世界沒有人真正在乎我；我即使受了傷，還是要笑；我受傷的感覺並不重要；受傷可以獲得關注；我傷害自己會獲得關注。

　　經歷與父母相處的這種經驗，以及後來與同儕間的重複練習，這個女孩將這樣的經驗概括成為人生的腳本，內容包括對自己的信念、其他人會有的反應、以及世界如何運作等等。現在做為一個成人，她很容易就會表現出笨拙的模樣，注意到當她受傷時，人們仍然嘲笑她，感覺處在沒有溫暖的世界裡。

　　現在我們如果詢問這個案例中的父母，他們可能會有截然不同的知覺。他們可能會說，他們真的很關心女兒，他們不希望她如此傷害

自己等等——他們所能夠察覺到的意圖都是良善的。不論如何扭曲、犯錯、誤解或者是誤傳，這裡的重點是個案對經驗的知覺，以及個案對此知覺的反應，個案據此基礎形成腳本決定。即使如此，並不能為父母或者是照顧者，卸除他們需要覺察自己行為、對小孩可能影響的責任。注意自己的行為與未解決的問題，本來就是成人的責任，不是兒童的責任。

由於兒童的脆弱、依賴、歸屬、發展階段、易受暗示、模仿照顧者與兄長、創傷、口語與非口語訊息、以及對幻想與夢幻的反應等等性質，兒童開始發展一種取代他們自己自發性特質的腳本。

腳本訊息

當我們寫下上述的標題「腳本訊息」時，便意味這個訊息，是源自我們兒童時期的父母，或者是藉由兒童的眼光，所知覺的其他人物。許多此等訊息，不論是如何被傳遞與接收的，都會包括父母的恐懼、忽略、未解決的衝突與未滿足的需求，這些禁令（injunction）會交付給兒童。換句話說，許多兒童所接受的訊息，其實是父母的腳本訊息。讓我們看看這些訊息會以何種方式傳遞。

語言與非語言訊息

這些會與第六章中的描述類似，當時我們指出，口語溝通經常伴隨非語言的溝通，口語的訊息可以經由非口語的訊息驗證，或者遭其

否定。以交流分析的語言來描述，也就是說在社交層面交流之下，非語言訊息攜帶著隱藏交流的心理訊息。隱藏的訊息，在心理層面帶著重要的訊息。例如，一個忙碌的母親，抱起哭泣的小孩，靠近他並加以安撫，她可能對他說些安撫與關愛的話。但是如果她很累又緊張，她的表情也很容易表現出緊張，聲音有股壓力。她可能會僵硬地或者緊緊地抱住他，或者相反地，沒有什麼力氣、鬆弛地抱著他。社交層面的訊息可能是說：「我愛你，我關心你。我喜歡抱著你。跟我在一起會很安全。」但是在心理層面的訊息或許是：「我不要你，你對我來說是多餘的。我真的不在乎。你跟我在一起會不安全。」

模仿

在兒童時期，父母或者其他權威人物的行為，是腳本訊息的另外一種溝通工具。告訴小孩「照我的話做，而不是照我所做的做」是沒有意義的。行為的模仿比懇求的語言更具有影響力。行為模仿用在廣告上更會引人注意。即使有多少的言教，教導大聲吼叫是粗魯的行為，湯姆在他的家庭環境中，看著父親對母親大聲吼叫來獲得他想要的，很容易便得到一個結論是：當他要些什麼的時候，這就是他要表現的行為。或者如克莉絲汀看到哥哥，因為朗讀障礙而得到媽媽較多的關注，雖然口頭上崇尚成功，但仍可能決定失敗會比成功來得好。

另一種模仿，對象可能是故事書、收音機、電視節目、影片、歌曲或者童謠等等裡面的內容。例如，摩妮卡在四歲時，對泰山的故事印象深刻，於是決定讓自己變得強壯、狂野，也與動物十分親近。

命令

　　對兒童直接的指示或者要求，也可以被當作腳本訊息，但這要視它們的頻率與強度如何而定。如果口語訊息與非口語訊息一致，毋庸置疑地將會十分強而有力。「走開，不要煩我！」如果經常重複地說，夠大聲地說，或者附帶著駁斥的身體姿勢，可能會被理解成「你的需要不重要」或者「你沒有人要」。「振作」或者「不要哭」可能被理解成「你的感覺不重要」，或者「如果你表現出傷心，那表示你是脆弱的」。

歸屬

　　在稍早的案例中，那位被當作是笨拙的小孩，長大後也的確變得笨拙。同樣地，一個被說成愚蠢的小孩，可能也認為這是真的，於是長大後也以愚蠢的表現來回應。一個被說成「你就像你的叔叔約翰」，可能會聯想到叔叔在社交上的笨拙，並回應這個訊息，認為他們兩個在社交上也必然都是笨拙的。在一個家庭中，不同的成員經常被賦予不同的角色，並進一步符合這些角色的期待。實際的例子可能是，有個小孩被視為聰明的，另一個則是實際的，另外一個則具備音樂天賦等等。

　　影響力更為顯著的是，當父母或者是具父母形象的人物，對第三者表達、歸納你的屬性，而讓你聽在耳裡：「喔！他真是個頑皮的小孩」，「家裡屬茱麗最安靜了」，或者「要求安給一個明智的回答是

沒有用的」，因為這些看法，使得想讓自己「受歡迎」的路變得更艱難。

創傷

雖然某些特定負向訊息，或者是與此相關，知覺到的訊息，經過不斷地重複，可能被接受為部分的人生腳本；但是只要一件創傷事件，就足夠讓一個孩子，對自己、他人或者這個世界，做出人生腳本的重大決定，除非這個創傷受到很敏銳與尊重的處置。父母的死亡、兄弟姊妹的過世、身體虐待或者是性侵害、意外、疾病或者是外科手術，雖然可能只是有點驚嚇恐怖的經驗，但是對於一個兒童，則是具有傷害性的。因此，小孩可能做出具有深遠影響的決定，認為自己是沒有價值的、羞愧的、生病的、不性感的、發瘋的、不被愛的、或者不值得活著的；對待別人，則表現出惡意、不信任、不愛護、欺侮、暴力、並視虐待為常態；視生命為無意義、危險、孤單、混亂、殘酷或者是不值得活著的。這些正是一個兒童受了傷害之後，可能接受到的訊息，或者是回應創傷所做的決定。很悲哀地，許多個案，甚至不斷經歷相同的恐懼經驗，於是其決定被不斷地受到強化。

正向的訊息

到目前為止，我們列舉出了幾個負向腳本訊息的例子，來討論這些訊息如何被傳遞；然而正向腳本訊息，也是可以經由相同的方法來傳遞的──但是，創傷是沒有正向訊息的，除非它不再出現的時候，

或許就像中了全國性彩券一樣，令人興奮吧！

　　佛蘿倫絲是個職業婦女，一度事業十分成功，一個被歸屬於「像姑姑佛蘿倫絲」的小孩，可能就接受了這個訊息，也要成功。一個小孩無意間，聽到父母對自己的成就感到驕傲，可能也相同地，會把這個訊息視為成功的許可。一個被父母真誠、一致與溫暖地擁抱的小孩，也經常聽到「你好可愛」的讚美，當下以及長大後都會很容易相信自己是可愛的。父母懂得聆聽與尊重小孩的需求與渴望，小孩也會模仿父母的行為對人專注尊重。再次強調，這些訊息的強度與頻率決定它們的效果。

　　正如同單一的創傷經驗，可以影響一個兒童發展出負向的人生腳本，單一戲劇化的正向事件，或者是高度滿足的顛峰經驗，也可以促成正面的人生腳本。例如，蘇西贏了最後的比賽，也為家裡贏得了學校的獎牌，她被視為英雄一般地看待。經歷這個事件，她的部分腳本，便是為別人奉獻贏取榮耀。就如先前曾經提到的，即使是正向的腳本，也受限於個體的潛能，也只有在他們完成了 X、Y、Z 等等的前提下，個體才是 OK 的。

　　根據兒童對訊息的知覺，接受到正向訊息的兒童，容易發展出正向的人生腳本。同樣地，接受到（或者知覺到）負向訊息的兒童，傾向於發展出負向人生腳本。我們大部分都會接受到混合的訊息，於是相對地發展出混合的腳本。然而，不論是正向的、負向的或者是混合的，它們都是腳本；它們都是我們基於兒童時期經驗的反應，所訂定的生命計畫，於是都可能干擾我作為一個成人的自主性。被歸屬於像成功的女演員姑媽克萊麗莎，是相當好與正向的，但是如果經過十年戲劇學校生活，畢了業，你發現自己根本就不要成為一個女演員，問

題就來了。同樣地，模仿你父親奉獻給工作的終身職志，但是如果節省一點過、工作少一點會比較快樂，要像他的話，看起來就沒什麼意義了。很清楚地，許多人從來都不了解，他們只是根據他們的腳本在過活，而不是真正的生活。如果是個快樂、令人興奮、有創造性與滿足的腳本，不會對人有傷害，這也沒有關係。或許對腳本的覺察，果真可以進一步地改善生活。

自主

接著我們來討論，相對於腳本的自主（autonomy），這便是 Eric Berne 描述我們所擁有的能力，覺察、自發與親密：在經歷訊息接受與之後所做的腳本決定，我們可能與這三個特質失去了接觸，事實上我們真的有機會與它們接觸。自主，意味著我們以整合的自我過生活。任何一個時刻，除非我們能夠以成人來監督或者整合，否則我們還是活在兒童或者父母自我狀態下，毋庸置疑地仍會遵循著腳本生活。以另外一種方式來說，也就是我們的腳本，是透過兒童與父母自我的內容來表現的。如果我們自動化地重播這些內容，我們就處在腳本當中。因此，脫離腳本的方法，是藉由整合性成人加以覺察，就如同我們稍早提過的，以責任與選擇來面對抉擇。

不過你也不需驚訝，這樣做並不是說你已經學會了，達到人類之完全自主的境界。過著沒有腳本限制、自由的生活，只是一個我們可以不斷努力的目標。做為一個諮商師，我們的工作是幫助其他人，在這個過程中，可以增強其自主性。不論如何，在他們生活的某個領域當中，或者是根據彼此的契約中，所定的目標與時程，面對這些影響

個案生活深遠的訊息，以及接下來的決定，我們會發現諮商對個案探索與跨越的過程是有幫助的。

探索腳本訊息與決定

　　腳本訊息的建立，在兒童時期，由外在交流啟動。接著藉由父母自我狀態與兒童自我狀態的內在交流，使最後的決定（decisions），永垂不朽，也將會經由「投射」某個自我狀態到其他人身上，來獲得增強。以下有個相當簡化的案例。

外在交流

　　莎拉的母親因為她自己的腳本，是個非常依賴與依附的女人，很害怕負責任。當莎拉出生時，她獲得先生相當大的支持，但是她對於要照顧新生兒，卻很矛盾掙扎，感覺受不了小嬰兒的需求。莎拉時常被丟在一邊，獨自哭泣。當她被母親注意到的時候，母親所傳達的關注，經常是敷衍了事，也相當地緊張。這裡所接受到的訊息──在生命早期，透過非語言傳遞的外在交流──可能包含有「我的需要比你的重要」、「你是我的負擔」、「我不在乎你」、「不要做個小嬰兒，快點長大」。

　　當個案的父親過世之後幾年，母親變得更加無助，但是這時候，莎拉已經會扮演類似父親的撫育性角色。外在交流透過語言與非語言傳遞，訊息可能包括：「你很好，會照顧我」、「小女孩長大了」、

「你留在家裡我很高興」、「小時候你多會要求別人啊,現在不一樣
了」,這跟過去的訊息沒有兩樣,重複原來的非語言訊息。莎拉以看
顧母親來回應腳本訊息。

決定

　　莎拉面對這些訊息,做出腳本決定。她決定了她是否可以被接納
(OKness)是有條件的,條件是要照顧別人,別人的需要遠超過她自
己的需要,當她照顧別人的時候,別人可能會關心她,但是事實上她
仍舊感覺要求太多了。雖然為了簡化決定的說明,我們專注於討論莎
拉對母親的反應,然而莎拉還是有面對父親做出決定的。這可能包括
因為面對父親英年早逝,她認定了停止照顧別人的唯一方法,就是等
這個人死掉了。

內在交流

　　原始的外在交流,現在已經內化成為她的*父母*與*兒童*自我狀態。
在她的*父母*自我狀態中,她已經內攝一個無助與需索無度的母親,只
有在莎拉忽略自己的需要照顧她的時候,她才會高興。與這樣的母親
相處,她的*兒童*自我狀態於是有所反應與決定。現在每當莎拉感覺到
需要些什麼的時候,莎拉就會重演內在對話(腳本),她的父母便責
備她有所求,並告誡如果要感覺好(OK)的話,便要照顧別人,因此
增強腳本決定。腳本決定很可能十分固著,因此內在對話會有些重複
性,而且不被注意到。不論如何,重點是要記得每一個決定的背後,

都有內在對話的背景，這些內在對話，一度都是包含腳本訊息精髓的外在對話，以及後續的決定。莎拉如果要挑戰或者改變它們，最可能的需要是把這些對話與訊息帶到她的覺察之中。

內在的外化

　　現在莎拉在成人的生活中，進行完整的循環過程，投射她的需要，以及需索無度的父母到別人身上。這可能是莎拉下意識地「選擇」某些像她母親表現出無助與需索無度的人；但是如果他們不是如此，她也會把他們知覺成那個樣子，並反應出彷彿他們是如此一般，用來滿足她自己的腳本決定——照顧別人，使自己表現良好。甚至她可能透過重複類似的交流，以父母自我狀態對待她的子女，將內在外化。於是她感覺小孩子需索無度，給他們訊息，邀請他們做出與她類似的腳本決定。所以訊息是可以傳遞到下一個世代的，正如同上一個世代，傳遞給莎拉的母親一樣。

腳本圖解

　　運用圖 12 自我狀態的結構模型，可以顯示莎拉的外在與內在腳本歷程。這裡我可以看到，來自於母親三種自我狀態的訊息，傳遞到莎拉的兒童自我狀態中。莎拉以屬於她自己的方式，經驗與回應這些訊息，並做成她自己的腳本決定。同時莎拉內攝母親的訊息，進入到她的父母自我狀態。接著，她的反應與決定，更進一步地，受到來自

內攝父母自我狀態，傳送給兒童自我狀態的相同訊息所強化。

你可以注意到，從母親的兒童自我狀態中，所傳遞的心理層面或者是隱藏交流，是以虛線來表現。這是因為這些訊息，大部分都不是父母有意識傳遞給小孩的。它們就是父母的兒童自我狀態未滿足的需求、適應性的反應或者是限制性的腳本決定，我們稱這為心理層面訊息（psychological level messages）。

來自母親的父母自我狀態的訊息以虛線表示。這為的是顯示，絕

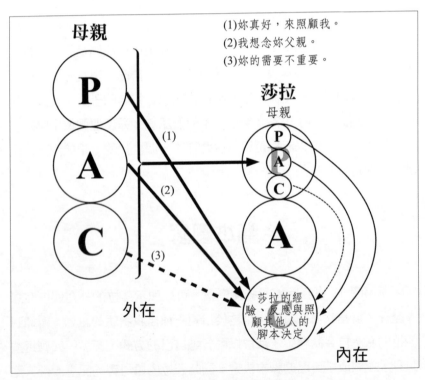

圖 12　莎拉腳本的形成歷程

大部分這類隱藏訊息，父母不會三思是否要給予小孩。事實上，他們可能會很驕傲地說：例如，「我總是教育小孩，誠實是最好的原則」。這些訊息與他們接收自他們的父母或者是更早的祖先是一模一樣的。我們將這些指稱為社交層面訊息（social level messages）。

有些交流分析作家，認為這些訊息是來自於父母的成人自我，灌輸當下如何反應的訊息程式，它們通常會支撐腳本，但是我們相信這些訊息，如果是直接支撐腳本，不會是來自於整合性成人自我狀態，而應該是來自於父母的內攝父母或者原型兒童。如果我們在圖表中展示莎拉的父親訊息，這個當下該如何照顧母親的訊息，會是來自於父親的父母自我狀態，要不就是兒童自我狀態，絕不是他的成人狀態。我們知道成人的訊息，是那些傾向整合性成人訊息，對於父親來說，是比較符合當下現實的，但是兒童可能會做出不同的解讀。在我們的案例中，莎拉的整合性成人自我，面對母親傳達的訊息：「我想念你父親。」莎拉很可能（相對於其他的可能訊息，也將最容易）將其解讀為她應該替代父親的角色，照顧母親。根據定義，對當下情境適當的反應，這些成人訊息，經常是腳本中比較正向與建設性的訊息，也提供了替代，或者相對於限制性腳本的緩衝。我們將這些訊息簡單地稱之為成人意圖訊息（Adult-intended messages）。如果不是成人意圖訊息，他們就是屬於父母或者是兒童自我狀態。

腳本矩陣

根據 Claude Steiner 所設計的原始矩陣（*TAB*, 5, 18, 1966），在交

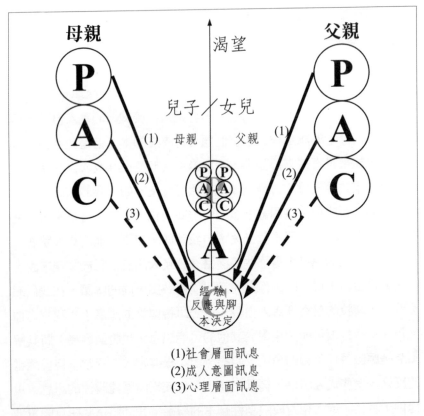

圖 13　腳本矩陣

流分析的文獻中，發展出很多套的腳本矩陣（script matrix）版本。基本上，這個矩陣，開啟了自我狀態的結構圖表，經常顯示父母雙方，但是有時候來自於過去的其他人物，來說明自我狀態的源起。圖 13 是我們修定的版本，其中使用我們之前曾經描述過的符號，並且顯示父母訊息釋出的自我狀態，經由內攝進入子女的*父母*自我狀態中，從

此，腳本不斷地重演並受到增強。我們也運用 Berne 所提出的渴望箭頭，接下來我們會進一步地說明。

社交層面訊息

　　父母公開地將這些訊息給予子女，對我們來說都很熟悉。他們在我們孩提時代，在不同的情境中，不斷地耳提面命，同時也經由其他的大人加以增強。與過去接受到的社交層面訊息（social level messages）有所接觸，通常是容易的：即使是現在，我們都還可以在內心裡「聽到它們」。這些訊息包括：「做個好女孩」、「現在盡你最大的能力」、「搶別人的東西，沒有禮貌」、「用手巾」、「男生不要哭」、「總要表現得聰明的樣子」以及「好髒，不要舔手指頭」，當我們長大後，做為一個大人，很多都被證明在社交場合與某些處境中都是有用的。然而，這些訊息中的一部分，不僅可能沒有用，甚至自動化或不經思索地使用它們，可能顯得拘束並缺乏功能。例如，一個被教導要隨時保持聰明樣子的小孩，可能在所有的生活領域中，都遵循這個原則，於是花了許多時間與能量，就是要讓自己看起來聰明。他們可能花了很多的時間，但是就是避免從事任何看起來不聰明的遊戲，或者創造性的活動。他們可能錯過了這些趣味的活動，以及放鬆的時刻，因此看起來冷漠無情，很難交到朋友，維持好的人際關係。「聰明但是孤單」，可能是反應這個原始訊息的結果。

　　人們反應社會層面訊息的方式，具備有驅動的性質。這是因為在這些訊息之下，隱藏著一些正向但是條件化的安撫。這訊息經常變成：「你只有像這樣，才可以被接受」或者「如果你……，你才是好

的」。因為兒童需要安撫來滿足認可的渴望（recognition-hunger），於是便準備適應這種狀況。作為一個成人，我們持續適應著，相信只有表現出某種方式的條件下，我們才是好的。我們感覺到被驅策來追求認同與接納。Taibi Kahler（*TAJ*, 4, 1, 1974）將這些驅動性的社交層面訊息，分類為五大類。為了更清楚闡明的緣故，我們稱它們為「驅力」（drivers）。

- 討好人
- 要勇敢
- 要完美
- 要趕快
- 要努力

　　我們在自己的*父母*自我狀態中，以不同的形式帶著這五個驅力，並在*兒童*自我狀態加以回應。不論如何，因為我們來自不同的家庭背景，因此強調行為的重點不同，我們也採取不同的優先順序。辨認出一個人最常使用的驅力行為，可以提供線索，來了解他們所被賦予的腳本訊息。本質上，這五種類型的驅力行為，並沒有什麼錯誤。當進行繪圖設計時，努力表現出完美是好的，面對意外的處境，也可以趕快。愈是持續、驅力性的領域，顯然就愈可能產生功能不良的問題，我們可能會相信，只有我們可以完成某一種或者更多的驅力行為，我們才是好的。

心理層面訊息

這些隱藏的訊息，大部分在心理層面，藉由非口語的方式溝通。源自過去的社交層面訊息，可以輕易地接觸，因為這些語言的內容仍然在我們大腦中播放，然而心理層面訊息，則是較傾向於經由生理方式來溝通，於是需要花費更久的時間來認識。每次我們靠近一個人的時候胃就翻攪了起來，當我們預期會受到批評時碰碰跳的快速心跳，以及受到大眾矚目時的臉紅──所有的現象可能都是心理層面訊息的反應。

這些訊息起源於父母的*兒童自我狀態*。正如我們在第三章的討論，兒童自我狀態可以是正向、具有建設性的；在案例中，這些心理層面訊息可能被接受者經驗為鼓舞人心與有益生活的。例如，母親與小孩一起玩，可以傳達自己童年時期快樂與無憂無慮的經驗給自己的小孩，在過程中，她玩樂、高興的語調、笑聲、開朗的表情等等，表露無遺。小孩接受的心理訊息可能包括：「生活是有趣的」、「親密是好的」、「跟你在一起很快樂」、「你可以自在地表達自己」，接下來的決定就是正向的而且有益生活的。這些訊息稱為允許（permission）。

反過來說，我們知道兒童自我狀態也可能是負向的、具有破壞性的。他們可能包含有侷限性的經驗與決定、照顧者童年未解決的問題與未被滿足的需求。例如，一個未被允許可以像個小孩一般玩樂的母親，在與自己的小孩一起遊玩、一起笑的時候，在心理層面，透過忌妒與憎恨的兒童自我狀態，傳遞負向的訊息。在這裡第三個運用的溝

通原則是：兒童接收心理層面的溝通，大過於社交層面的溝通。兒童所接受到並可以體驗的訊息，例如，「生命是一場掙扎」、「你真的沒有人要」、「你不要這樣浪費我的時間」、「不要與我親近」，因此接下來的決定便是負向的、侷限生活的。這些訊息我們稱為禁令（injunction）。

Bod 與 Mary Goulding（*TAJ*, 6, 1, 1976）將這些負向、壓抑性的訊息分成十二種禁令，如下列所述：

- 不要存在
- 不要做你自己
- 不要像個小孩
- 不要長大
- 不要成功
- 不要做任何事情
- 不重要
- 不要有所歸屬
- 不要親近
- 不要健康（不要理智的）
- 不要思考
- 不要感覺（不要表達你的感受）

很清楚地，上述禁令的清單，可以藉由刪除否定句（don't），以「你可以」（You can）來代替，於是就可以轉換為允許（permission）的清單。

與驅力一樣，將訊息分類為禁令（或允許），可以作為速寫，用來進一步探討的參考。不論如何，相當重要的是，與個案合作來了解，個案自己的經驗與獨特的訊息——並且由個案自己為這些訊息命名——每一位個案都是獨特的。

成人意圖訊息

這些訊息源自於父母的整合性成人自我。如果父母回應他們小孩的感覺、思想與行為都是符合當下的現實，小孩也可能以這種方式知覺，因此具有建設性與正向意義。這些會是對父母與兒童自我訊息的一種平衡機制，當然這還要看這些訊息的強度、頻率與效度而定，才可以比負向腳本訊息容易被接受。在莎拉的案例中，即使兒童可能接受到成人訊息，但是仍舊不得不順從於適應強而有力、無所不在的侷限性父母與兒童自我狀態訊息。

決定

知覺到來自於父母的訊息，兒童的反應是，做出有關於他們自己、別人與這個世界的決定。我們可以再一次以簡單的描述，將這些決定加以分類：「我會努力嘗試」、「我會討好別人」、「我不會表現出我的感覺」、「我不會是重要的」等等。在與個案合作中，這些分類可以相當有用，可以澄清了解。不管怎麼說，在發掘個體特殊決定的過程中，重要的是可以運用這種方法作為一個起點，當然，事實可能是比最初的發現更為複雜的。例如，索尼在探索自己的腳本時，

發現他花了很多時間在「討好別人」的驅力上。他決定要改變，並開始適當地與有意識地對別人說不，關照自己的需求，並讓別人可以為他做些事情。索尼期待自己可以感到更舒服、更享受生活以及與朋友相處，然而事與願違，他卻感到憂鬱，與他人失去聯繫，甚至有自殺的念頭。他恢復「討好別人」的行為，並因此感覺得比較好，也再度與朋友親近。

在諮商中，他進一步探討腳本，並發現他所知覺到最強而有力的心理層面訊息是「不要存在」以及「不要成為一個有所求的小孩」。在他的母親沒有計畫之下的懷孕以及難產的情況中，他來到了這個已經有相當多成員的家庭，成為了眾多兄長中不被期待的一個小孩，他的需要被嚴重地忽略。為了要在這個家庭中盡可能地生存，索尼做了一個腳本的決定，可以這麼樣地來表達：「如果我快點長大，我便可以在這裡生存。如果放棄了我自己的需要，藉由關照家庭中其他人的需要，來討好他們，於是我就可以得到他們一些的注意。」也就是因為這樣，當索尼試圖改變他討好別人的驅力行為時，他卻違背了腳本中其他部分。如果他不討好別人，他的需求就會呈現在眼前。當他的需求呈現在眼前的時候，他變成為一個有所求的小孩，作為一個有所求的小孩，令他難以生存。於是就有了接下來的憂鬱沮喪、疏離他人、以及自殺意念。在諮商中，索尼首先需要處理的是活著的議題，再處理做為一個有需求的小孩，最後才是他的驅力行為。

在這個案例中，索尼與他所知覺到的訊息「做成了一筆交易」，內容中的一項，則又成為下一個內容的條件。超過一個內容的決定中，心理層面的訊息總是被社交層面的訊息所防衛。換句話說，驅力行為經常被用來抵抗禁令。在索尼這個案例中，他使用「討好別人」

的驅力來抵抗「不要做為一個有所求的小孩」的訊息。這一部分的決定是「如果我可以將自己的需求置之不理，用關照別人的需求，來討好家中的其他人」。另外一筆交易是在心理層面達成的，一個禁令用來抵抗另外一個禁令。在索尼這個案例當中，他藉由同意較不嚴重的禁令：「不要做為一個有所求的小孩」，來抵抗較為嚴重的禁令：「不要存在」。這一部分的決定則變成：「只要我快點長大，我就可以在這裡存活著」。當我們考慮禁令的時候，需要依嚴重程度，依序加以處理。

如果繪製索尼的腳本矩陣，我們可以發現他所知覺的「不要存在」訊息是來自於他的母親，「不要做個小孩」來自於他的父親。決定性的交易，可能是玩弄雙親中一人的訊息來對抗另外一人。這個案例是：「如果我為了爸爸長大，我就不用為了媽媽去死。」只要索尼順從父親的禁令，就可以用來防衛母親更具破壞性的禁令。在案例中的每一個部分，索尼順從於腳本訊息的指示。如果索尼可以確保他的生存，當然也可以相對地對抗他的腳本訊息，繼續做個小孩，不斷需索，拒絕任何討好別人的舉動等等。但是這樣還是處在腳本中。他可能有種自主的感覺，但是這是假的。他叛逆的決定，仍舊是因應父母訊息的結果。他的生命計畫取決於反抗這些訊息。這種形式的腳本反應是所謂的反腳本（antiscript）。經常是發生在青少年為了脫離腳本的經歷。

我們已經提到過，兒童如果能夠收到正向訊息以及允許，他們經常會回應以正向的腳本決定。這些仍舊是諮商歷程中，可以被有效地探索的部分，如此個案才可以運用**整合性成人自我狀態**，加以評估、修正、保留或者丟棄這些決定。我們也可以有效地探索它們，創意地

運用它們，來消除較為負向的腳本決定。引領個案覺察他的力量以及正向的決定，在腳本探索中經常被忽略掉。過度地強調腳本的負向部分，忽視了腳本的正向部分，對個案來說是不利的，也因此忽略了個案重要的資源。

不論我們的腳本決定是順從的、叛逆的、看起來正向的或者是負向的、有創意的或者是侷限的，我們都需要尊重它們。雖然它們現在可能不適合我們成年後的生活，它們卻是我們在兒童時期的環境中，為了生存所能做出的最佳決定。不論我們現在正要做任何的改變，或者新的決定，在我們內心的兒童都值得被肯定與認同，我們同樣也可以理解並感激它們引領我們到現在。

渴望

我們還沒有討論到腳本矩陣的圖形（圖 13）中的一個箭號。這個箭號是從兒童自我狀態的心臟地帶出發前進，並經過成人與父母自我狀態，持續到超過了自我狀態到達無限遠的地方。Berne 在 *What Do You Say After You Say Hello?*（1972）這本書中，提到在腳本矩陣中的這個箭號。這就是渴望（aspiration）的箭號。

不論我們的腳本訊息為何，我們每一個人都有屬於我們自己的自主渴望，對於創造的思慕，夢想成為什麼樣的人物、做什麼事情，以及如何達成這些願望的方式。Berne 稱這些渴望是我們的秘密花園。我們渴望的秘密花園，可能受到風吹、日曬、雨淋或者乾旱，這些腳本中沉淪因子的傾倒，然而不論如何，我們都會存活、茁壯、繁榮、以及花開。Berne 看到腳本分析的目的是為讓個案自由，「因此他們

可以對這個世界開啟他們渴望的花園」（頁131）。作為一個諮商師，我們的任務就是幫助個案從侷限，或者有時是從他們腳本的破壞因素當中，解放、釋放他們的潛力，成就他們的渴望。

在他第一本書 *The Mind in Action*（1949）以及後來的許多著作中，Berne 重複地引介前蘇格拉底的物理觀點（pre-Socratic concept of Physis）：「自然界的力量，永恆地努力於讓事物成長，並且讓成長的事物完美。」用來描述人類傾向於健康與成長的自然法則。這種改變的創造力，可以視為一種能量與力量，可以藉由諮商師與個案的探索，來成就他們的抱負與熱望。我們的同仁 Petruska Clarkson 在她的許多著作當中，更為廣泛地寫到這些物理概念，特別是在她的書籍 *Transactional Analysis Psychotherapy: an integrated approach* （London & New York: Tavistock/Routledge, 1992）。

應用

在這一章中，我們處理的是人生腳本的探索，以及它的形成。強調的是涵蓋與探索個案所決定的生命計畫，用以協助他們做成改變。這就是所謂的腳本分析（script analysis）。透過分析，許多個案獲得改變。藉由將潛藏的訊息，以及在他們當下生命中，已經不合時宜與侷限性的反應與決定，提升到覺察的層次，在諮商的歷程中，個案得以做出新的反應與抉擇。於是，腳本分析本身就已經開啟了選擇的機會與改變的可能。

例如，喬治在與大衛相處兩年之後，因為他威脅要結束關係，一

度前來接受諮商。喬治就如同他的父親，是個成功的建築師。在經歷
了許多短期的關係之後，於三十二歲時遇到了大衛，與他一起買了房
子，正當他以為一切美好的時候，大衛卻威脅要離開他。喬治為這晴
天霹靂驚嚇不已，他想要拯救這份關係。大衛抱怨的是喬治沒有時間
陪伴他，喬治每天都在城裡的辦公室工作到很晚，假日還把工作帶回
家。解決之道似乎很明顯的是：少一點工作，多花些時間陪伴大衛，
拯救並享受兩人關係。然而，實際上卻不是那麼簡單。就如很多的
「解決之道」，都只是個目標。事實上，解決之道變成是諮商的契
約。在進入諮商之前，每次使用它來作為解決的方法。每次喬治決定
要安排假日放鬆地與大衛相處時，喬治不管怎麼樣總是會挑起爭執，
大衛則是生氣地報復，喬治於是像陣風一樣地消失，又跑去工作。喬
治告訴諮商師，他真的很愛大衛，也希望他們的關係和睦，但是「有
時候，我似乎不自主地想要挑起戰火。我知道我不想要如此，但是我
還是做了！雖然是我最不願意做的事情，但是我的確在破壞我們的關
係。」諮商師建議他們可以做腳本分析。他詢問喬治小時候他在家裡
的情況，他的父母看起來如何，他們的關係怎麼樣，他們對他的期待
為何，家裡最常說的是什麼，家庭成員的生活價值是什麼，諸如此
類。

　　所浮現出來的生命故事如下：在喬治還是個小小孩的時候，喬治
的父親已經是個成功的建築師，一手創建自己的公司，在公司與在家
裡都長時間地工作。喬治有很多的記憶是安靜地坐著，看著父親小心
翼翼地在他的畫板上工作，因為一點點小小的錯誤，便將整個計畫藍
圖撕毀。有時候喬治的父親，會教導他一些繪圖與設計的技巧，並鼓
勵與支持他的努力，他也似乎在這方面有他的天賦與資質。但是這樣

的時間卻是很少的，因為他有很大的工作壓力。他的母親支持丈夫的生涯，似乎也相當樂意做為他的後盾。喬治認為，當他的父親在他的工作室工作，他在房間裡寫功課，媽媽在廚房忙碌的時光，再好不過了。有時候當他需要關注的時候，他記得母親會變得很生氣，並且告訴他在功課還沒有完成前，不可以得到他想要的。如果他哭了，她還會叫他振作起來，並說男孩子不哭的，如果他生命要有所成就，就要像他的父親一樣。他不記得曾經看過父母花時間相處，除了在一起吃飯的時間之外，不過那也是相當緊張的，經常是以母親因為某些雞毛蒜皮的事情生父親的氣，而父親則又衝回去做他的工作為結束。因此，喬治生活的早期經驗，以及生活的方式，就包括模仿父母在關係與工作上的態度；像父親的命令、有關他繪畫技巧的正向訊息、以及許多漠視的經驗，就是忽略他對親近與關注需求。

　　喬治與諮商師一起畫了腳本矩陣（圖14），用來綜合說明一些他所知覺的訊息，而這些訊息是與他現在面臨的問題有關係的。當喬治還是一個小孩的時候，面對這些社交層面、心理層面與成人意圖的訊息，喬治做出了以下的腳本決定：「為了生存下去，我必須堅強，像我父親一樣努力工作，他說我在這方面很有天份。如果我有任何的需求，別人是會生氣的。我可以離開別人，躲得遠遠的，我可以用工作來把我的需要藏起來，如果我異於凡人，別人就會來愛我。」

　　運用此一方法，經過這方面的腳本分析，喬治可以看到這些混合決定間的脈絡。這絕不是一個單純地將工作減少就可解決問題的案例。如果他如同從前般單純地這麼做，他便不僅在社交層面上，違背了仿效父親般努力工作的訊息，也同時逐漸地違背了心理層面所回應的訊息，也就是不得滿足自己的需求，以及不能親密等；走遠以及努

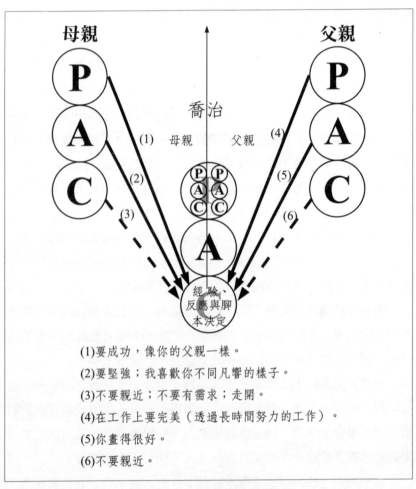

(1)要成功，像你的父親一樣。

(2)要堅強；我喜歡你不同凡響的樣子。

(3)不要親近；不要有需求；走開。

(4)在工作上要完美（透過長時間努力的工作）。

(5)你畫得很好。

(6)不要親近。

圖 14　喬治的腳本矩陣

力工作只不過是用來隱藏心理層面訊息的方法罷了。於是，不僅是安
排多一點的時間與大衛相處就夠了。在成人的覺察之外，他將藉由引

起大衛對他的氣憤，來破壞這些努力。藉此，他仍舊遵循不要親近與不要滿足需求的決定；弔詭地是，他相信這將意味著大衛是愛他的。諮商師指出，如果大衛在與他的關係中可以滿足自己，並與他親近，即將可以跳脫腳本，藉此來鼓勵他。他也給予大衛允許，讓他滿足他的需求，並且親近大衛。大衛同樣地也很樂意給他這樣的允許。這並不是說，大衛就一點都不會對喬治生氣，但是喬治不會再藉由跑去工作，來隱藏他對大衛的需求（特別是他對於親近的需求）。他需要了解的只是，他如何安排一連串的事情，讓大衛來對他生氣，因此他就可以避免事情的發生。

你可以經由上述案例，了解完整的腳本分析，包含將個案生命史中許多的因素，加以概念化以及整合。然而，如果可以藉由摘要、預告片或者剪輯片段來了解一本書、影集或者是電影，對一個人的腳本基礎要素的了解，也可能以迷你版本演出，例如在諮商的情境中。

練習

自我

1 腳本主題

童話、傳說與神話都是普世的人生腳本故事。它們的主題包括追尋、愛、關係、任務、希望與恐懼、成功與失敗，以及反應人類生命

主題的條件與場景。特別是，它們經常以兒童的視野，反應出對各個世界的觀感：一方面充滿了巨人、吃人妖怪、巫婆、怪物、龍、國王與王后、天神與女神（這些都被稱為父母或者是其他的權威形象），另一方面充滿了看似無力的人類、貧窮的子孫、窮困潦倒的繼子與繼女、受虐而毫無抵抗能力的動物（這些都被稱為兒童）。在這些故事中，經常會帶來幸運改變的兩種因素，就是魔法與忠誠。因為魔法，灰姑娘參加了晚宴；因為忠誠，她離開了那個家庭，從此過著快樂的生活。當我還是小孩的時候，讀著這些故事，感覺我們可以從無力變成有力量的，多麼地美妙。然而，悲哀的是我們成為成人之後，還經常相信它們，花費我們的生命在等待奇蹟的來臨或者是王子與公主的出現，可以拯救我們──那卻讓我們繼續在無力當中。

　　探索我們自己的腳本以及它們的主題，方法之一就是透過這些普世的劇本。那些在孩童時期最吸引我們的劇本，很可能就包含了我們自己特殊腳本中的主題。當下吸引我們的影片、戲劇、小說或者是故事，也很可能與我們仍然在演出的腳本有關。為了幫助你辨識出自己腳本中的某些部分，首先可以先選擇一部你還記得在兒童早期所喜歡的故事、歌曲、童謠、神話或者是傳說，並把它寫下來。現在，選擇一則在你國小期間影響深遠的故事、戲劇、詩詞或歌曲。接下來，是青少年時期（可能是流行歌曲或者是影片），以及現在所喜歡的。就你記憶所及寫下它們，並且就每一個故事，詢問你自己以下有關的問題（我們建議你先寫下故事，再看這些問題，否則可能會影響你的原始反應）。

　　你的故事主題為何？有哪些演員角色呢？這些角色在故事中扮演些什麼？這些故事怎麼開始的，又是如何結束的呢？其他的演員，在

故事發展還未明朗的部分，演出些什麼角色？你如何描述這個故事：
是希望故事或者是悲劇？是建設性或者是破壞性？是神奇的或者是有
計畫的？有趣的或者是嚴肅的（諸如此類）？

　　尋找某一方面代表你自己人生腳本的故事主題。寫下每一則故事
的主題或者內容之後，你注意到什麼？每一個故事都是相同的嗎？如
果不是，它們有什麼差別？其中有沒有一些共同的發展呢？它們都不
一樣嗎？這些故事如何反應出你所辨識出的第一個故事主題呢？你如
何解釋它們在你不同年齡時，雷同或者差異的部分呢？它們如何反應
出你所做的決定呢？它們如何反應出你已經滿足的，或者是你即將要
滿足的渴望呢？故事中反應出你的腳本，有哪些負向與正向的部分
呢？

2 腳本訊息

　　透過以下的指導，完成一幅自己的腳本矩陣。關於社交層面訊
息，詢問你自己經常如何對待別人，如何完成一件任務，感覺如何地
被你的信念所驅使，而如果你不這麼做，你會不被接納。你可能會發
現在接下來的練習中，對你再與個案合作時，辨識驅力行為是會有幫
助。從五種驅力中，討好別人、要堅強、要完美、動作快、努力嘗
試，選擇某種類型的行為。其次又是哪個行為會出現？有哪一個是在
你的生活中，持續出現的第三個或者是第四個驅力？

　　由雙親中的哪一個人，或者是照顧者中，根據你所認為的，在腳
本矩陣中社交層面訊息的箭號上，寫下這些驅力訊息。這些可能是來
自於你的雙親，或者是其中一個人。記得這些是有用的簡化名詞，看
看你是否可以根據它們的內容描述，更為精確地辨識出這些訊息。想

想對父母的模仿，以及他們的要求與歸屬。例如，他們如何鼓勵你討好別人？你的腦海中，還有哪些經常聽到的話呢？把這些都加到你的腳本矩陣中。

禁令

心理層面的訊息，由於相當早被接收，大部分屬於前語言或者是非語言性質，因此，有些禁令對你來說可能很難辨識出來。在你自己的諮商或者是心理治療中，它們可能可以被有效地探索。有些可能會比較顯著，因此可以很快地辨識出來，或者藉由參考頁 122 中所列的內容，在你閱讀它們的時候，你可能可以從你的心理反應辨識出它們。

探索心理層面訊息，有種方法是從社交層面訊息的脈絡來演繹。如果你有一個「討好別人」的驅力與訊息，支持著「看重別人甚於自己」、「好孩子會為我做這些事的」、「保持你的禮貌」，很可能有以下的一種或者更多的禁令可以適用：不要成為自己、不要做個小孩、不重要或者不要感覺（不要表達你的感覺）。相反地，不要長大、不要健康、不要成功，可以不斷地討好希望他的孩子維持依賴的父親或母親。類似的情況是，如果你有一個「努力嘗試」的驅力：不要成功、不要（做任何事情）或者不要思考可能適用；與「要堅強」有關的是：不要做個小孩、不要心有所屬、不要親近或者不要感覺；與「要完美」有關的是：不要成為自己、不要做個小孩、不要成功、不要心有所屬或者不要親近；與「動作快」有關的是：不要成為自己、不要做個小孩、不要成功、不要心有所屬、不要思考。不要存在的禁令，可能可以相當適用在每一種驅力當中。這些不過只是幫助你

探索的指標。它們也不過只是可能罷了。把這些訊息加到你腳本矩陣中心理層面與社交層面訊息的箭號上，以你自己的語言文字描述更為特定的訊息。

成人意圖訊息

很希望你從你的雙親接收到許多成人訊息，也做出許多正向決定的反應。這些訊息可以分開來羅列，作為辨識你生活中的能力資源。在腳本矩陣中，檢視你所接受到，進一步增強你成人與兒童自我訊息的成人意圖訊息。它們可能適用於當下的相同感覺、思想與行為：例如，當你將要把刀子插到電線插座的時候，抓住你的手，大叫「不要動」。如果沒有經過進一步的解釋，你可能會把這個訊息解讀為其他的抑制性禁令，例如，「不要探索」或者單純地「不要」。查看你腳本矩陣中的其他訊息，看看你是否有接收到一些**成人意圖**的訊息是符合這些例子的。把它們加到你的腳本矩陣中。

決定

現在你已經完成了你的腳本矩陣，以你自己的語言文字，描述你對這些訊息所做出的決定。記得這些很可能是複雜的決定，包括在許多的禁令與驅力，或者是好幾組的禁令間的許多「同意」或者是「交易」。此一階段，你在頁 131-133 中所做的練習中，已經辨識出的腳本「故事」，可以幫助你突顯這些決定當中的一部分。

3 你的腳本

已經探索了你的腳本主題、腳本訊息與決定，然而它們是如何互

相搭配的呢？例如，你的驅力如何在你最喜歡的故事中呈現呢？禁令是在哪裡發揮作用？你的決定與這些主題的關係如何？運用這些分析，為你自己澄清腳本？

4 改變

你想要在你的腳本中，做什麼樣的改變呢？為了要達成這些改變，你需要做哪些新的決定？把這些決定，以及你達成改變需要做的事情，都寫下來。記得，如果它們是複雜的決定，你將需要從比較嚴重的禁令開始，再進行到比較不嚴重的禁令，也要從禁令開始，然後再到驅力。首先你需要改變些什麼呢？你為自己認同的渴望是什麼，以及你真實的自我當中，需要被解放的層面又是什麼呢？你需要什麼人或什麼東西幫助你做這些改變呢？如果你接受諮商或者心理治療（如果你在治療個案，我們相信這是絕對必要的），先與你的諮商師或者是心理治療師討論這些改變。在第十章中，我們將會檢視在交流分析中的改變歷程，如此將可以幫助你達到這些改變。

與個案合作

1　對你的個案解釋人生腳本的觀念，運用頁 131-133 中的第一個練習，探索他們人生腳本中的一般主題。

2　辨識驅力（運用頁 138 表格中的線索）。驅力行為經常在個體經歷壓力與感覺到被驅使去遵守某些訊息時，在簡短的幾秒鐘之間發生。所有的練習當中，最初的方法都是藉由觀察電視演員來辨識出它們。

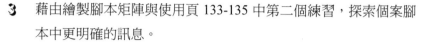

3　藉由繪製腳本矩陣與使用頁 133-135 中第二個練習，探索個案腳本中更明確的訊息。

4　藉由腳本矩陣與個案合作，發掘腳本與當下前來諮商所呈現的問題與議題之間的關聯。使用腳本矩陣來發掘個案想要做的改變，幫助他們顯露與鼓舞自己的自主性渴望。

表 1　驅力表

討好別人（please people）

文字 請你……？你可以……？這樣好嗎？不好意思……我可以？你會不會介意……

姿態 不斷點頭，伸手要與別人握手，懷柔的動作。

表情 揚起眉頭，水平皺起的眉頭，緊張與持續的笑容。

要堅強（be strong）

文字 很少有感性的文字，將自己與情緒隔離或者使用概括的方式思考：一個人總是應該……最好是……人們是……很少用「我」的陳述，比較喜歡以上述的方式陳述。談論別人與對象，對他們所做的事情，並且很少負責任。

姿態 堅硬、僵直、難以移動。姿勢是緊張與封閉的：手臂或者是大腿交叉並且緊靠身體。

表情 平淡、堅固、冷淡、動彈不得。

要完美（be perfect）

文字 當然……可能……絕得大部分可能……可能甚至會說……在一段對話中，傾向於依數字排列，或者會說首先、第二……等等。

姿態 直直坐著，用手指頭計算分數，抓頭，摸臉表示思考，把指尖擺在一起。

表情 往上看或者朝向一旁看，好像在大字報上搜尋正確（完全正確）的文字。嚴格與嚴肅的。

動作快（hurry up）

文字 介入他人的言語，就像快……快快……我們走……快點……

姿態 輕扣手指，雙腿躁動，重複看錶。

表情 投射眼光，皺眉頭。

努力嘗試（try hard）

文字 大量使用文字「試著」。以切線角度離開。很難去……我不能……我不了解……你說什麼？我試著要解釋的是……

姿態 身體往前傾，手肘放腿上，手放臉頰或者耳朵。

表情 看起來很困惑、迷惑，皺起臉好像努力要了解。

人類的渴望與遊戲

渴望

Eric Berne 指出人類需要滿足六種「渴望」（hungers），藉以維持生理、心智與情感上的幸福狀態。我們已經在第六章中提出刺激與認可的渴望（stimulus-hunger and recognition-hunger）。我們將在這個章節回到這個主題，並由此延伸與闡釋，說明其他的四種渴望。

刺激的渴望（stimulus-hunger）

這包含了我們對感覺刺激的生物需求。我們的五官需要來自環境

的接觸與刺激：換句話說，我們需要觀看、觸摸、聽聞、品嘗我們所存在的這個世界，藉此來適應這個世界，以達到最佳的調適狀態。甚至，為了有機體的健康與持續的功能運作，我們大腦的「覺醒系統」（the arousal system）需要興奮。當這感覺刺激缺乏的時候，適應與平衡會有困難。通常在四十八小時的感覺剝奪下，人類開始會有妄想與幻覺出現，顯示人類無法在缺乏刺激的情況下，保持心智與情緒的穩定狀態。

接觸的渴望（contact-hunger）

在某個角度來說，這是刺激渴望中的一個分組。這包含我們對觸摸的需要。然而這與我們需要與另外一個人的皮膚接觸（身體安撫）是不同的。在一個人與另外一個人（可以包括華氏體溫 98.6 度的溫血動物）的接觸行動中，紅外線的交換發生了，同時，接受者接受了來自另外一個人的這些射線，不但可以獲得能量，也可以感到快樂。例如，當母親在哺乳的時候，與嬰兒的接觸，可以提供這種與食物相當的能量與快樂。然而，穿著衣服哺育嬰兒，在照顧者與小孩之間並沒有皮膚的接觸，這與戴著手套握手是一樣的。這種狀況也發生在成人之間。缺少或者沒有與其他人的皮膚接觸，人們有時候會藉由發展出症狀來獲得需要的滿足，例如，需要醫療關注的潰瘍或者關節炎，透過這種方式可以部分滿足他們身體接觸的需求。

認可的渴望（recognition-hunger）

人類神經系統的設計，讓語言與身體語言的認可，在某一定的程度，可以取代身體的接觸，以及幫助自我形象的發展。認同我們存在以及自我感的需求，也可以藉由簡單的「你好」，或者是一段冗長政治話題的對話來獲得滿足。每一個人對認可渴望的需求量是不一樣的；並且，所需要的安撫型態各有偏好。流行歌星可能需要千萬人的掌聲，而郵差可能需要家庭主婦收到信時的微笑感謝。

性的渴望（sexual-hunger）

如同我們對接觸的渴望，性渴望也可視為刺激渴望當中的一個分組，但是特別與性器官（皮膚、乳房、生殖器等等）被自己或其他人接觸與刺激有關。健康的人類可以與自己或者其他的成人，在彼此同意的情況下，藉由沒有疼痛與不具傷害的性接觸來滿足需求。沒有辦法以健康方式滿足性需求的人們，可能會用不適當的方式獲得滿足，例如與小孩或者是非自願的伴侶。

一些理論家，特別是 Freud 學派，指出可能藉由昇華或者轉移我們的性渴望到創造與精神生活上（透過獨身生活），然而有些人則假設創造與精神生活是另外不同的渴望。Berne 似乎隱約地將它們包含於其他的五種渴望當中。

結構的渴望（structure-hunger）

　　如何安排一天二十四小時、數週、與在我們眼前的幾年；以及類似地，如何組織我們個人的環境（家、辦公室、花園等等），佔據了我們大部分的時間。簡單說來，我們關心如何為自己提供生活足夠的確定感與安全感，讓我們在遭遇生活中無法控制的種種事物時，可以感覺到夠安全。正如之前所有需求所呈現的，我們的健康生存，仰賴我們與別人之間的關係。因此，在每一個人類間的遭遇中，便有滿足健康需求的可能，但也可能有焦慮的存在：我們是否被接納？以及什麼會消失無蹤？

　　Eric Berne 指出，我們在同一時間，處理這種焦慮的一部分，藉由六種可能的行為模式，將我們的關係與生活時間結構化（time-structuring），試圖來滿足我們的需要。第一種時間結構的模式是退縮（withdrawal），我們獨處或者是與別人相處時避免接觸，說些隱喻的話，來退縮自己。第二種形式是儀式（rituals），我們藉由類似的方法，與別人交換相當儀式化的安撫。顯著的例子就是：「你好嗎！」「我很好，你呢？」「我也很好，謝謝你。事實上，我非常的好。」「很好，但是我們已經好幾年沒有見面了。」「是啊，這幾年你都在做什麼呢？」諸如此類。第三種是時間結構的形式，即所謂的消遣（pastimes）。有些對話比較不那麼具有儀式性，但是內容與型態仍然是在某種尺度內。就是那種交換彼此有關工作、嗜好、小孩、開車經過哪條路的主要十字路口會塞車等等。聽起來消遣好像比較像是過日子瑣碎膚淺的方法，但是事實上它們的確是人類遭遇中的重要

一部分。它們是我們可以表示對彼此的興致與善意的方法。它們是進一步與別人更接近的重要暖身活動之一。它們是發現哪些人具備共同性的方法。它們是交換正向安撫的安全方法，因此可以至少滿足兩種飢渴：刺激與認可。第四種建構時間的方法是活動（activities），指的是人們在工作地點、運動場、家裡或在花園中，努力嘗試結合在一起。在活動中，包括互動到完成一件任務。它們的共同目標就是獲得安撫與滿足。第五種時間結構的形式是遊戲與扭曲（games and rackets）。我們彼此之間負向行為的重複模式；換句話說，就是那些結束時我們說著某些話的場合：「喔，不，怎麼又會是這樣呢？」通常接下來會有某些的意見，例如，「我早應該知道的……」或者「我就知道……」；這就是人們玩遊戲時，部分類似不舒服與不滿足的感覺。在這一章稍後的部分以及下一章當中，會更為仔細地來探討遊戲與扭曲。第六種，也就是最後一種時間結構的方法就是親密（intimacy）。親密發生在兩個或更多人之間，沒有防衛與心胸寬大地交換彼此的思想與感覺。他們以開放的態度面對彼此，完全敏銳地面對當下的經驗。他們藉由交換，豐富了感受。

　　當我們三個人寫這個章節的時候，彼此互動的方式，說明了時間結構如何地運作。一起寫這本書的共同任務就是活動。有時候，我們一個人會去做白日夢或者去泡茶（退縮），另外兩個人則繼續寫作（活動）。其他時間，我們三個人會停下來接待一位前來拜訪的同事，並且開幾個玩笑（儀式），接下來通常會延續有一段對話，談天氣、說喜歡吃哪種比薩之類的（消遣）。有時候我們會交換彼此的想法與感受，包括快樂的，或者是因為面對私密記憶有所共鳴的痛苦經驗（親密）。目前，我們對我們曾經玩過什麼遊戲，以及決定彼此互

動之間不再有遊戲，已經有過討論。如果有些什麼改變，我們會在這一章的稍後中，讓你們知道。

　　健康的個體以上述的種種選擇，結構化他們的時間，藉此來滿足他們的需求與癖好。不同的氣質，需要六種時間結構的不同混合與數量。不平衡的混合會導致不健康的生活型態，例如，工作狂過度地投入了工作活動當中。

奇遇的渴望（incident-hunger）

　　最後一種渴望與前一種有所關聯，結構渴望中我們尋求穩定，但是在奇遇渴望中，我們卻尋求不穩定。這就是對興奮、不可預期與新鮮事物的需求。當生活中有太多可預期的結構，缺乏足夠的刺激，就會產生無聊。於是對奇遇的渴望，便會驅使一個人為生活創造一些快感。這可能是屬於建設性的，例如，選擇成功地跳降落傘，到遊樂場去，或者中斷程序說些笑話；也可能是屬於破壞性的，例如，開快車導致車禍或者是收到罰單，暴力的爭執，或者是嘗試使用危險藥品。每一個人對奇遇有不同的需求。例如，有些人在一年中有個聖誕假期慶祝就相當足夠；但是對某些人來說，每星期參加一場舞會則絕對必要。

　　滿足六種渴望，對人類的健康與生存是重要的。諮商師體認這些渴望，對個案生活以及諮商本身的影響與意涵相當重要。如果這些渴望沒有直接被滿足，可能就會企圖間接地以遊戲來獲得滿足——上述滿足時間結構的第五種方法。

遊戲

Berne 採用這個名詞「遊戲」（games），因為它意味著好玩與有趣，不幸地，或許可能有所誤導。然而由於本質上，交流分析的語言已經被接受，因此使用另外的文字來取代，只是徒增困擾。當與個案合作時，我們通常會使用「心理遊戲」這個名詞，用來強調它與較正向，且具備創意，可作為人類建設性活動部分的遊戲來做區別。

在他的著作《人間遊戲》（*Games People Play*, New York: Grove Press, 1964）一書中，Eric Berne 稱呼遊戲為「走向圈套的一連串動作」（a series of moves with a snare）。使用名詞「圈套」（snare）意味著雖然起初看似平常，甚至有趣的某個特殊情境，卻是可以預料會轉而成為隱藏陷阱的圈套。他也較為正式地定義遊戲為「進行中的一連串互補的隱藏交流，將會進展到一個可以預測、清楚定義的結果」。我們增修的是，這個可預測結局的歷程，乃是透過一種社交層面的負向交錯交流，來進行發展。

在社交層面，交流在某個特定的議題上進行，然而在隱藏（心理）層面，成人覺察範圍之外，另外的一連串交流正在進行；一連串聽令於我們腳本信念的動作，當隱藏訊息被公開與行動化之後，將會導向被腳本所強化的「代價」（pay-off）。記得溝通的第三個原則嗎？溝通的結果取決於心理層面。這裡有個案例：提姆因為兒童時期與母親間的相處經驗，有個腳本信念是「他是沒用的」，因此不論如何努力地討好別人，他都沒有辦法成功。他的妻子愛麗絲，因為兒童

時期與愛抱怨的母親間的經驗，已經內攝了一種**父母**信念，也就是她的需求將永遠不會被滿足。當提姆說：「今天我來準備午餐。」愛麗絲回答表示：「謝謝，那真好！」一切看似美好。社交層面的交流是互補（**成人對成人**）與愉快的。然而同時間，一組不同的交流正在心理層面進行。也就是，提姆說：「我真的很努力試圖討好你。」（**隱藏兒童對父母**）而愛麗絲則是回答：「至今從沒有人對我好過，你也只不過是嘗試罷了。」（**隱藏父母對兒童**）提姆不知道為什麼「忘了」愛麗絲討厭炒蛋，而他就在愛麗絲面前的盤子放了炒蛋。當「你真他媽的沒有用！你從來沒有為我做過一件好事」（**公開的父母對兒童**）從愛麗絲的口中冒出，蛋也在屋裡飛過來報復時，他嚇了一大跳。以這種方式，在遊戲的結局中，他們兩個都得到了代價：兩個人的腳本信念於是獲得肯定與強化。提姆熟悉這種場景，感到受傷、被拒絕與沒有用；愛麗絲則感到憤怒，她的需要再度沒有獲得滿足。間接地，他們對刺激、認可、結構以及奇遇的飢渴，卻因此可以獲得滿足。這個遊戲可以在圖 15 中以交流的分析來呈現。

　　Eric Berne 可能會將這些心理層面訊息以比較赤裸的說法來表達，例如：

提姆：修理我。
愛麗絲：我逮到你了。

　　這些訊息可以用最純淨的形式，來闡釋遊戲所包含腳本信念與期望。每次我們玩心理遊戲，我們便強化了我們對自己、他人以及這個世界的一些侷限性的信念。換句話說，就是我們滿足了我們的腳本。

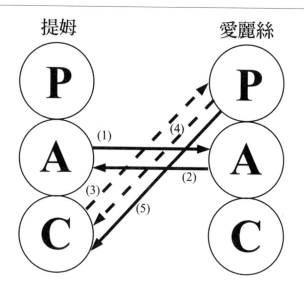

(1)提姆（刺激社會層面）：今天我來準備午餐。

(2)愛麗絲（回應社會層面）：謝謝，那真好。

(3)提姆（刺激心理層面）：我真的很努力試圖討好你。

(4)愛麗絲（回應心理層面）：至今從沒有人對我好，你也只不過是嘗試罷了。

(5)愛麗絲（在社交層面交錯溝通）：你真他媽的沒有用！

圖 15　交流遊戲圖表

這樣雖然痛苦，但是卻有好處，可以讓我們對於過去用來讓生命顯得合理的問題解決方式，再度有了熟悉與真實的感覺。雖然遊戲也可以試圖間接地滿足我們六種飢渴的一部分。甚至，遊戲包含有高階的安

撫交換。我們曾經提過，即使是負向安撫也會比一點安撫都沒有來得好：面對腳本信念缺乏有正向以及有趣的形式，可以來提升正向安撫的狀況下，便追求負向遊戲性的安撫。

　　然而提姆與愛麗絲的案例中，有哪些不同呢？他們做了些什麼導致這種熟悉的結局呢？答案以及一個非常重要的因素隱含在所有的遊戲當中，也就是他們都在漠視（discounting）：超乎成人覺察範圍之外，他們正在忽略可以解決問題的訊息。在最簡單的層次上，愛麗絲可以告訴提姆午餐她想要吃什麼。類似的狀況，提姆也可以問她想要吃什麼。他忘記愛麗絲討厭吃炒蛋這件事，顯示他另外一種形式的漠視。遺忘、未加思索、衝動行事、誇大、過度簡化、以及忽略我們的感受，正是我們在漠視資訊，這些資訊是可以用來解決問題的一些方式。漠視是在沒有獲得雙方公開的契約下，一種強迫別人為自己生命某些部分負責的企圖。在漠視當中，我們忽略自己的渴望，以及滿足渴望的適當方法，卻很可能玩心理遊戲來替代。如果提姆認識到自己當下被認可、刺激與奇遇的渴望，他便可以尋找正向的方法來滿足這些渴望。相同的情況也發生在愛麗絲、我們以及我們的個案。遊戲的精髓就是參與遊戲者「自動化」地操作，不讓他們自己注意到真實的需求，最後的結局卻仍然是沒有獲得滿足。

　　有一種檢查遊戲最簡單有效的方法是，當遊戲進行時，我們可以檢查我們扮演了哪一種可能的三類角色，在這些角色中固有的漠視，以及顯示遊戲完成的角色轉換（switch）──經常是由隱藏變為公開的戲劇性時刻。這些角色形成戲劇三角的三個角落。

戲劇三角

　　戲劇三角（the drama triangle）是 Steve Karpman 在他的一篇文章 'Fairy Tales and Script Drama Analysis'（*TAB*, 7, 26, 1968）中的發明，是一種遊戲分析的方法。圖 16 顯示兩個或兩個以上的遊戲者，可能扮演的三種角色。

受害者

　　受害者（Victim）角色在三個角色中屬心理上最強而有力的。注

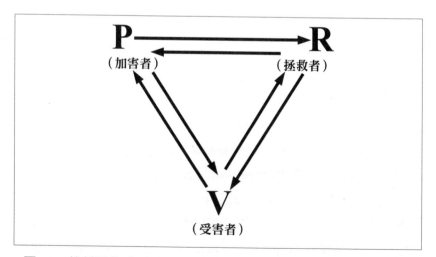

圖 16　戲劇三角（Karpman, 1968. Reproduced with kind permission.）

意遊戲受害者角色中使用的中楷體字型。遊戲角色受害者漠視他們自
己的力量，視自己在某些處境中是無力的，但是事實上卻非如此。真
正的受害者在面對存在的環境中的確是無力的。例如，某個小孩因為
懶散而抱怨缺乏空間，可能正在扮演心理受害者（psychological Vic-
tim）的角色，他正在漠視自己負責與控制環境的能力與力量。另一種
情況是，某個人的家被地震摧毀了，的確是環境的實際受害者，他沒
有辦法控制地震。這兩個例子的分別是他們必須改變環境的力量程
度。即使從如同地震的存在危機當中醒來，真實的受害者仍然有選擇
性可以有創意地面對其處境，解決需要撤離的緊急需求，或者是扮演
受害者角色（Victim role），等候別人來解決所有的問題。這就是所
謂的心理的受害者信念，認為其他人比他都來得有力量（一種低下的
姿態），於是讓他處在無力的角色中。這是一種我不好－你好的狀
態。他某種程度也理所當然地認為應該讓其他人來控制整個局面。

拯救者

　　這裡我們可以再一次地區分真實的拯救者（actual rescuer）與遊
戲角色的拯救者（game-role Rescuer）。真實的拯救者可能目睹某人
被搶劫，成功地介入拯救可能的被害者。遊戲角色的拯救者（Rescu-
er）是為了獲得認可，使用他所感覺的優勢（一種高高在上的姿態），
表面上造福於他人，但是卻同時讓別人感覺無力。他視所要拯救的人
為不好的（not OK）。他在任何的情境中都做超過 50%的工作，或者
承擔超過合理範圍的責任。例如，原型拯救者堅持護衛一位盲人橫越
交通繁忙的路段，卻沒有注意到，事實上這位盲人根本不想在那個地

方過街。當拯救者沾沾自喜，並感到高人一等地離開時，這個盲人已經被放在路的另外一端，身陷困境當中。如果環境的確造就了受害者，社會也已經規劃了人力，以社工師、救火員、救生員、醫師、諮商師等等面貌，作為真實的拯救者。當然，這些人也可能是具備功能的，或者是無功能的拯救者。

加害者

　　加害者（Persecutor），如同拯救者一般，來自高高在上的姿態，視他自己是好的、其他人都是不好的。不論如何，為了維持優越的姿態，並非「拯救」別人，而是需要控制別人與小看他人。例如，一個白人可能對一個黑人同事，做出種族歧視的評論，為的只是保有「優勢」的姿態，以及感覺自己是好的。或者，有個人可能命令另外一個人，把他當作物品而非一個人，批評他，意圖迴避面對自己不舒服的感覺。

　　當然，我們討論夠好父母模式時已經看到，有時候為了另一個人的幸福或者是安全著想，有控制其他人的正當需求。父母、地方官員、警察人員、交通指揮人員等等，應該控制人們的負向行為，以獲得成效。然而也有可能有些扮演這些角色的人，有心理上的需求，要從遊戲角色的位置來迫害別人，滿足他們控制別人的需求，不僅是行為而已，還想要控制整個人。

　　將受害者角色描述為最有心理力量的，或許在名詞上看起來有所矛盾，但是可以看到的是，包括拯救者（Rescuer）與加害者（Persecutor）都依賴著受害者（Victim），企圖來維持他們的角色，也就

是說受害者（Victim）是十分專精於發覺與操縱他們。

現在我們已經描述了戲劇三角中的三個關係角色，讓我們看看它們在遊戲的進行中如何演出。我們可以扮演任何一種角色，但是我們將會比較偏好某一種可預期的角色，以及某一種變化角色的模式。我們可能會感覺被迫扮演某個角色開始一個遊戲，並且同樣地感覺到被迫以另外一個角色來完成這個遊戲。最後將會是製造代價的角色，因此將會肯定我們的腳本。透過在兩個人（或更多人）之間傳遞的互補交流，每個人在戲劇三角中的一角，保持住他的位置，一個或者兩個遊戲者之間，不可預期的角色轉換（交錯交流），暴露出戲劇性的利益衝突或者是溝通的混淆。這可能會在剎那間，發生在一組交流當中，或者是在一段較長的期間，有時候是幾年中，關係到許多組的交流。

這個概念的原創者 Steve Karpman，不僅透過一般人類溝通，看到這些角色如何演出與戲劇性地轉換，也藉由人類狀態的戲劇形式來了解，例如童話故事、戲劇、神話、傳說等等。在小紅帽的童話故事中，小紅帽的母親可以被視為拯救者，送食物給小紅帽的祖母。她沒有自己去送——拯救者經常如此——但是卻要她的女兒小紅帽去送食物。在森林中，小紅帽遇到大野狼，大野狼問她要送食物到哪裡，此刻，小紅帽漠視她所了解的野狼——受害者經常如此——把所有的事情都告訴他。於是，毋庸置疑地，小紅帽到祖母家的時候，我們發現祖母（受害者）已經被大野狼（加害者）吃掉了，並假裝是小紅帽的祖母躺在床上。當小紅帽抵達祖母家的時候，她的漠視程度到達了最高點——正如受害者的習慣——她沒有注意到祖母已經被味道惡臭、毛茸茸地、對她垂涎三尺、並想要吞掉她的動物所取代，依然我行我

素。她甚至指出奶奶不尋常的大耳朵、大鼻子、大眼睛與大鋼牙，讓大野狼感覺更期待、更有趣——她的漠視顯得極端誇大。於是*加害者*逮著了*受害者*，並且將她生吞下肚。吃得很飽之後，大野狼於是在床上睡著了。

根據所購買的不同版本，這個故事有很多不同的結局，但是我們會用獵人剛好經過的這個版本。他（*加害者／拯救者*）剖開睡覺中的大野狼（現在是*受害者*），放出還活著的奶奶與小紅帽。當下她們還是*受害者*，等待被拯救，而不是自己尋找生路。不論如何，她們沒有繼續停留在*受害者*的角色太久。很快地便轉換成為邪惡的*加害者*，想出殘酷的手段，要在把大野狼的肚子縫起來之前，從切口放進大石頭。一旦醒來，大野狼註定要過著消化不良與無法行動的日子——實際上可能是很短命的。同時間裡，回到森林的另外一邊，我們可以想像*拯救者*的母親，對在奶奶家中發生的血腥事件幸福地毫無知覺，在火爐旁看著電視，對於自己的作為沾沾自喜，並夢想如何滿足自己的心願。

離開童話故事的領域，遊戲當然也可能在諮商中演出。一位名叫瑪莉的個案抱怨丈夫對她不聞不問。在她不斷重複相同的抱怨時（*受害者*），卻沒有太多的情緒。諮商師回應表面的安慰與傳達同情的訊息（*拯救者*）。這樣持續了一段時間，直到瑪莉在當下的交流中渴望更多認可、刺激、與奇遇的需求未被滿足時，進行了角色轉換，成為*加害者*向諮商師說：「唉，我再也受不了了，你對我一點幫助都沒有！」現在變成受害者的諮商師，爭著扮演*加害者*角色，反駁表示：「你又來了，你似乎不想要接受幫助。」瑪莉又轉換回原來的被害者角色，哭泣著表示：「沒有人了解我。」但是在要離開諮商室的時

候，轉回為加害者，叫囂：「你跟我先生一樣爛！」她結束這場遊戲，感覺正氣凜然地氣憤，並再度驗證她的腳本信念——所有的男人都沒有用。諮商師則在受害者姿態結束這場遊戲，感到失志與無力，並再度感覺到腳本信念中的天命難違。這個遊戲從開始到結束的過程都顯示在圖 17 當中。

遊戲的程度（degrees of games）

比較小紅帽的故事與我們諮商的案例，你可以了解到遊戲可以不同的強度演出。Berne 指出就像燒傷一樣，遊戲有三種程度。

第一度遊戲可以發生在幾次的交流當中，可以透過驚訝與不舒服或者是一種「喔！我沒有料到會如此」的模糊感覺來示警。有個案例是諮商師與個案在玩一種簡單的遊戲，叫做「你何不——沒錯，可是」（Why Don't You—Yes but），其中諮商師做了兩三個有幫助的建議，企圖減輕個案的痛苦，但是卻得到面無表情的回應，也就是「我已經試過了」（Yes, I've tried all that）的徵兆與意思。

第二度的遊戲帶有較強烈的感覺，引起足夠的痛苦，用來明確地肯定腳本信念。Berne 表示我們比較不喜歡在公共場合玩第二度遊戲。這個程度的遊戲有個案例，發生在哈利與比爾安排晚上七點在酒吧見面時。哈利慣性地遲到，他總是道歉，而比爾則原諒他。即使哈利顯然不會準時到達，但是比爾仍堅持七點準時到達。終於有一天晚上，比爾忍不住發了一頓脾氣，他感覺被虐待，與不被尊重。當哈利後來從酒吧打電話給比爾時，心中感到罪惡，但也委屈。他一再道歉，卻

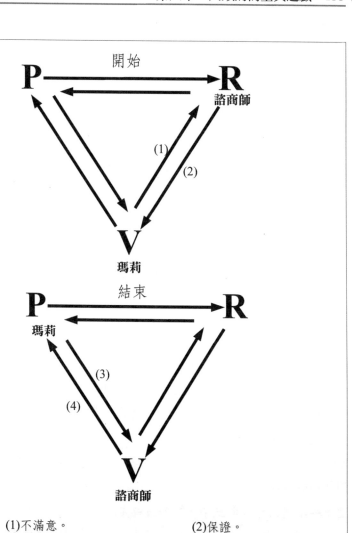

(1)不滿意。　　　　　　　　　　(2)保證。

(3)你比我先生好不到哪裡去。　　(4)我這麼沒用。

圖 17　戲劇三角裡的移動

無法理解比爾的「過度反應」。接下來花了幾個月的時間，才化解了他們的爭吵；他們從未對其他的朋友提及此事。

第三度的遊戲是最嚴重以及具傷害性的，它會帶來不可挽救的結局。例如，一位經常被丈夫毒打的婦女。她的朋友知道了她的處境，央求她離開她的先生，但是她卻不斷地原諒他。這就是標準的*加害者、受害者與拯救者*的處境，其中的角色一方面相當誠懇，但是仍然是受害者拯救加害者遊戲的一部分。然而，有一天晚上，當她正在準備晚餐的時候，先生喝得濫醉回家。當他靠近她的時候，舉起拳頭，突然間她感到不想再忍受這一切了。接著，雖然她認為的確是她做的，但是她已經不記得是如何將他刺傷的了。

遊戲的命名

在《人間遊戲》（*Games People Play*）一書的背後幾頁，Eric Berne列出一百種遊戲。這清單並非一成不變；內容可以繼續增添，同時也可以發現，有些遊戲實質上是相同的。事實上，許多遊戲並沒有包括角色的轉換，應該更正確地被稱為「詐騙」（racketeering, Fanita English, *TAJ*, 6, 1, 1976）其中兩個遊戲的角色藉由互補的溝通，來獲得類似的安撫。例如，有些夥伴使用扭曲作為關係的基礎：當中一個總是從*不適任父母*形式中，扮演*拯救者*的角色；而另外一個人則滿意地，或者不滿意地從*適應性兒童*模式中，扮演*被害者*角色。絕大部分的遊戲名稱都包括日常生活口語，它們便可因此自動地解釋其意義，以及有些 Berne 的病人所使用的文字，它們相當優秀地萃取了遊戲的精髓。如同稍早所提示，Berne 使用這些俚語，因此經常使得他的努

力與交流分析被視為過度簡化，並因此被排斥，但是就如Berne所說：
「我們喜歡玩『那不是很糟糕嗎』到『口語表達投射的肛門攻擊』的
遊戲。前者不僅具有更多的動力意涵與影響力，而且實際上更是精
確。還有，有時候生病的人們在鮮豔明亮的屋子裡，會比在單調的房
子裡復原得快。」（E. Berne, *Beyond Games and Scripts*, ed Claude
Steiner and Carmen Kerr, New York: Grove Press, 1976）。Berne 更為深
入地將遊戲分為七個主要的類型：

1 生活　遊戲經常發生在一般的社交情境，並且包含一些像是「修
理我」（Kick Me）與「看！你害我這樣」（Now, see what you
made me do）的遊戲。這些遊戲會沾染某些人大部分的社交互
動。

2 婚姻　遊戲提供夫妻在關係中獲得刺激的結構，雙方似乎經常沒
有辦法對彼此坦率。這些遊戲包括「如果不是為了你」（If it
weren't for you）、「法庭」（Courtroom）與「你看！我多努力在
嘗試」（Look how hard I've tried）。

3 宴會　遊戲是人們在「認真地」（例如，公共會議或者是社交會
面）面對親密之前，要從儀式與消遣進入到有所接觸的過程。我
們尋找「親密伴侶」（intimate），這個人與我們的遊戲策略是有
交集的，因此可以建立某種確定性，確保在未來潛在的關係中，
我們的飢渴可能獲得滿足。這些遊戲包括「真糟糕！」（Ain't it
awful）、「瑕疵」（Blemish）以及「幫倒忙」（Schlemiel）[1]

1　譯者註：Berne 在其《人間遊戲》一書中，藉由 schlemiel（幫倒忙）一詞，
　　定義一種遊戲的名稱，意指把事情弄糟，然後抱歉了事。

等。

4 性　遊戲是在我們的性飢渴無法獲得滿足，或者是以某種方式被利用的時候，所發展出來的。這些遊戲包括「強暴」（Rapo）與「騷擾」（Uproar）。

5 黑社會　遊戲特別會在「社會體系」中進行，遊戲包括諸如「警察與強盜」（Cops and Robbers）以及「我們叫喬伊趕快」（Let's pull a fast one on Joey）。

6 諮商室　遊戲可以包括以上所有的類型。或許，比較常發生的諮商室遊戲包括了諮商師所啟動的「我只是想幫助你」或者是「精神醫學（交流分析）」〔psychiatry（TA）〕的遊戲，以及比較常被個案引發的遊戲則是「木人腿」（Wooden leg）與「笨蛋」（Stupid）。

7 Berne 假設有一些好的遊戲。因為它們的隱藏性、剝削性，以及重複的性質，以一般語言來說，它們在轉換完成之後，造成一些情境的強化，它們仍然是所謂的遊戲。「公車司機的假期」（Busman's holiday）與「他們會很高興認識我」（They'll be glad they knew me）是這一類型的案例。

應用

就如同安撫一樣，辨認出個案如何滿足他們生活中的六種渴望，以及滿足到何種程度，可以是深入理解個案因何種不滿前來諮商的有效方法。雖然滿足渴望沒有所謂「對」的方法或者是特定的「套

餐」，每一位個案都會有屬於他們自己的癖好與需求，探索這些渴望的滿足與否、哪些是被忽略的、什麼方法可以用做改變的試驗，經常具有啟發性。例如，個案瑪莉，「感覺」生活中缺乏了某些東西，在六種渴望當中，辨認出接觸的渴望與性渴望，是截至目前為止，在她的生活中最少獲得滿足的。她有個令人興奮的工作，藉由工作獲得認同，她認為她的時間結構相當平衡，她甚至有的休閒嗜好可以滿足她相當多新鮮奇遇的渴望。雖然她擁有一個性伴侶，她體認到與她的性伴侶之間缺乏接觸，他卻相當重視雙方性接觸裡的高潮。一直到她學習到，她有可能需要更好的身體接觸與安撫之前，她已經接受這樣的性是夠好的。很幸運地，她的性伴侶願意為雙方探究如何讓彼此更愉快，用來同時滿足性與接觸的渴望。他們一起參加按摩課程，花很多的時間抱著對方，在非性層面與性層面彼此安撫，也因此更為廣泛地有更多的身體接觸。

　　對於結構渴望這個領域，以及建構時間的六種方法的類似評估，可以很清楚地幫助個案發掘生活中究竟「遺失」了些什麼。他們有沒有花費足夠的時間，藉由儀式交換、消遣、活動與親密，來獲得正向的安撫與滿足呢？他們是不是花了太多或者太少的時間在退縮方面呢？或者他們試圖藉由腳本束縛（script-bond）與腳本增強（script-re-inforcing）的遊戲，負向與間接地建構時間，以滿足他們的渴望呢？他們在玩什麼遊戲呢？他們分別在遊戲的開始與結束時，扮演哪一種角色，他們玩的是第幾度的遊戲，以及他們的腳本如何藉由遊戲而獲得增強呢？這些是所有與個案一同探索的領域。然而，在探索過後，個案該如何停止遊戲的進行呢？

　　回答最後一個問題，遊戲的定義，假設它們是在成人的覺察之外

進行的，透過探索、辨識與命名，你可以把它們帶到成人的覺察中。然而，這並不意味遊戲的進行將立刻停止。記得遊戲是在我們的生活中（經常是每天）重複多次的模式，並且是在腳本系統中已經確立的部分（參考下一章中的「扭曲系統」），經常只有在透過超越腳本信念與決定之後，我們方才準備好並願意放棄我們所熟悉的遊戲。不論如何，覺察是相當關鍵與重要的第一步，並且在某些案例中，可能已經足夠來消除、轉化或者減少某些遊戲的嚴重程度。與個案合作改變任何的行為，包括遊戲的進行，通常有三個階段（Petruska Clarkson, personal communication, 1981）：

後知後覺（hindsight）

這裡意味著覺察是發生在某個遊戲已經進行之後。我們可以有效地分析這種狀況，確定遊戲的名稱，扮演何種角色，什麼事情被漠視，滿足了什麼渴望，哪一個腳本再度被增強。於是，可以藉由避免進一步重複遊戲的進行，來檢視是否有另外的選擇性。我們可以說哪些不同的話，或者做哪些不同的事呢？如何透過更具建設性的方法，來滿足該特定的渴望呢（諸如此類）？

當下知覺（midsight）

在這個階段，熟悉遊戲分析的個案，也已經相當熟識他們自己遊戲進行的「徵兆」。他們可能認知到自己開關啟動當時的生理反應，例如，「胃部突如其來一陣沉重的感覺」，甚至在這個階段，透過運

用更為成人式的交錯反應，避免掉他們經常經驗的不愉快代價。他們可能更進一步地，在更早的時候，透過體會到被害者、拯救者或者加害者的熟悉角色，認知到他們正在進行遊戲，運用他們的知識「跨出」這個戲劇三角，並且再度地以成人的角度，尋找當下可能的選擇。

先知先覺（foresight）

終於，個案變成相當熟悉他們的遊戲型態，知道如何以及在何處境下，他們容易進行遊戲。他們可以與遊戲競爭，取得先機，透過進一步地發掘更有創意的方法來滿足自己的需求。

在諮商中，當個案鎖定我們，進入到他們所熟悉地，吸引安撫的系統時，我們需要覺察到個案正在進行的遊戲，維護諮商所需要的親密、坦率互動。我們也需要覺察我們自己面對個案時的遊戲，因此我們自己需要持續接受督導以及個別諮商。一旦與你的個案有了治療契約，你便需要選擇與計畫對策，來面對他們所進行的遊戲。自己本身或者邀請個案做一些超乎個案預料的事情，將打破一般的遊戲類型，並且可以帶來更為直接與正向的安撫。如果以正視替代漠視，遊戲是無法進行的。

當個案對遊戲有些許覺察，並且與諮商師間有良好的工作關係，與個案玩心理遊戲，並誇大地扮演該角色，可以藉此「嘲諷嘻笑」個案，讓他對遊戲有更多覺察。例如，面對個案玩起「真糟糕」的遊戲，如果諮商師扮演起一個極端的拯救者，並藉由說：「我要說的是，這真是糟糕。事實上，我認為這是我這輩子聽過最糟的故事……更何況是發生在這麼好的一個人身上……」諸如此類。很明顯地，這

種回應使用起來要小心翼翼、輕重有別，只有在這種「嘲諷嘻笑」會被視為建設性時，才可能促成對遊戲的拒絕，而不是因此成為一種迫害。

諮商師或許也可以選擇與個案玩心理遊戲，藉此不但可以深入了解個案，也可以觀察會有什麼代價出現，以及個案進行的心理遊戲到何種程度。這大部分發生在諮商的初期，目的是為了辨識遊戲，蒐集有用的資訊用來分析。在心理遊戲結束時，處在成人自我狀態工作的諮商師，可以回饋個案相關的感受，發生在兒童自我狀態的是些什麼，什麼轉換在其中發生，並且邀請個案一同來覺察。於是，透過遊戲的進行，可以蒐集獲得進行諮商所需要的資料，可以用來對遊戲下工夫，檢視行為層面的不同抉擇，或者在腳本層面，探索這些熟悉角色與感覺的起源。很清楚地，諮商師不可以與個案共同演出第三度的遊戲，相當重要。

不論如何，諮商師或許會選擇忽略個案玩遊戲的強烈邀請，提供個案一種如何不「上勾」玩遊戲的適當典範。但是不扮演個案的左右手，並保持在成人狀態中，諮商師展示「請答覆」（RSVP）的遊戲並非不可避免。

將遊戲加以暴露是諮商師的另一種選擇。然而很重要的，這需要有一種同理與同情的態度：「這就是人類。這是你截至目前所知道的，獲得東西或者求生存最好的方法。」而不是加以迫害。另外一種暴露遊戲的方法（或者對遊戲的邀請）是面質總是發生在遊戲中的漠視。例如，有個玩「笨蛋」（Stupid）遊戲的人回答一個問題表示「我不知道」，諮商師可以促使他們正視他們所擁有的知識，表示：「如果你是知道的，你會說些什麼？」如此，經常會獲得微笑的認可，並

因此回答這個問題。同樣地，透過對誇大與其他類型污染的面質，遊戲的成分就會暴露無疑。像「從來不」、「總是」、「不可能」等等的字眼，經常可以有效地加以反駁──「有什麼是從來不的」，或者加以面質──「當你……那個時候，不是有……？」

　　當個案熟悉他們的遊戲，但是仍處在後知後覺或者當下知覺的階段時，可以問問題，例如：「如果你繼續以這種方式交流，後果會是如何？」或者「當你對我做這些或者說這些的時候，你真正想要的是什麼？」於是將個案的遊戲邀請加以暴露。允許個案直接說出他想要被滿足的需要，可以透過以下的介入，例如說明：「你不需要玩『我真糟糕』的遊戲，你可以直接說出你想要的正向需求。」或者：「不要以迫害的方式，你可以告訴吉姆，你對他有多生氣。」

　　當個案似乎真的陷在遊戲當中，其他的方法或許一時沒有被注意到，諮商師透過改變遊戲或者轉換遊戲中的角色，企圖突顯正在進行的遊戲，可能是適當的。例如，莎曼珊一再玩遊戲「要不是為了你」（她的丈夫）。為了強調她所持的被動角色，以及缺乏責任的「承擔」，諮商師加油添醋地表示：「你的丈夫對待你真糟糕，當然還有你的小孩，你的生活實在是再悲慘不過了。」藉以誇大其成為「木人腿」的遊戲。當下，她開始大笑，並且終於有所思考。關於諮商師在遊戲中進行角色轉換，如同戴文一再進行的遊戲「為我做些事」──尋找拯救者的受害者。諮商師不加以拯救，反而選擇與受害者競爭的位置，說道：「喔，戴文，我不知道現在要做什麼。我真的認為這方面我需要你的幫忙。我覺得我卡住了。我反而不知道要給你什麼建議。」戴文想要誘使諮商師拯救他的努力於是功虧一簣，他便迅速地轉換到建設性的問題解決模式。

練習

自我

1 　當你開始要試驗，是否對自己滿足六種渴望的方法有所覺察時，請由回顧過去一週的生活開始。關於刺激的渴望，考慮或者列出以下你所追求的各種可能方法：

(1)視覺刺激：關於生活這方面，考慮①顏色：你選擇度過七天的環境，是否充滿繽紛的顏色？或者，你只是盯著論文、書籍、字謎或者待在廚房裡呢？②距離：過去一週內你給自己多少機會，讓自己的眼界擴展半英哩或者更多呢？③燈光的對比：你有時間讓你的眼睛比較不同的光線嗎？像是陽光、電燈、燭光以及昏暗的燈光等等。④眼光的方向：你大部分直視著這個在你面前的世界，或者你會在所有可能的範圍內動作呢？⑤內容：你有沒有讓自己覺察到正在觀看有趣的形象、美景等等呢？現在在你坐著閱讀這本書時，休息個幾分鐘，用某些豐富的顏色、光線與視野滿足你的眼睛吧。

(2)聽覺刺激：當你回憶或者是回顧過去一週的種種，如同回顧如何使用你的雙眼一樣，列出或者思考你對環繞在身邊聲音的覺察。你是否傾向於過度暴露自己在某種型態的聲音當中，例如收音機？很少有機會接觸或者對其他類型的聲音有所反應，例

如大自然的聲音——流水、鳥叫、蟲鳴等等？當你閱讀這本書的同時，建議你現在就停下來一下，探索並聆聽不尋常的聲音，在你周遭這個世界的不同領域——這些領域正是你平常很少會注意到的。

(3)觸覺刺激：過去一週內，你碰觸周遭世界當中所看到的事物有多頻繁？我們用我們的手指頭去「看」這個世界，在我們還是小孩，還沒被社會化而脫離這個方式之前，我們相當熟悉以碰觸這種方式了解這個世界。你可以記得你的梳子把手的形狀與溫度嗎？當你現在坐著或者站著閱讀這本書的時候，或許你可以用你的手指頭感覺書本封面與內頁的差別。感覺靠近你身體的一些東西。把你的眼睛閉起來或許會有幫忙。

(4)嗅覺刺激：在過去這一週內，你可以記得或者重新聞到滿佈周遭世界的味道嗎？你是否過度使用香水、除臭劑、香煙或者過度暴露於類似二氧化碳的有害氣體，壓抑或者傷害你的嗅覺？當你坐著閱讀的時候，你可以試驗聞一聞襯衫、外套、衛生衣的前臂或者手臂的背面（可以先舔一舔手臂，潤濕一下來增強效果）。

(5)味覺刺激：你可否記得過去幾天所吃的食物，或者所喝的飲料？抑或是再度品嘗到它們的味道？請再一次回顧你所吃的各種食物：你是否食用各種顏色、形狀、味道與質地的食物？你的味蕾、牙齒與腸胃是否需要更多種類的食物呢？

(6)包含以上所有領域與面向的運動，可能是個由朋友領著蒙住眼睛的你，摸索花園的「信任散步」，或者任何可能喚醒你、重新鼓舞你、與再度刺激你的聽覺、觸覺、味覺與嗅覺的地方。

    然後，張開被蒙住的眼睛，好好地端詳一番。

2 輪到討論接觸的渴望，讓自己回顧過去一週你與其他人的身體接觸。看看自己可接觸的領域有多大。這個領域可能包括，在擁擠的火車上與許多陌生人像沙丁魚擁在一起，與同事間握手，懷抱著你的小嬰兒並且親吻他／她的前額，或者是擁抱你的夥伴。你如何增加與其他人之間身體接觸的質與量呢？

3 關於認同的渴望，在過去七天內，哪些時候你是受到肯定的呢？有沒有因為是哪個重要人物對你的認同而感到特別的呢？例如，某個你所景仰的人對你的稱讚。或者因為安撫的內容，或者是傳達安撫的方式？例如，一個緩慢但是性感的媚眼。

4 過去一個星期中，你如何處理你自己的性需求──你是一個人？與滿意的或者不滿意的性伴侶？或者是你選擇了藉由專注於其他的表達形式來替代，例如你的心靈成長或者你的創造力？你會希望有什麼不一樣的方式嗎？

5 檢查你建構過去一週，相當於一百六十八小時時間結構的方式。首先，扣掉花在睡眠的總時數，然後將你花在獨處（退縮）、進行儀式、聊天（消遣）、參與某些活動、玩心理遊戲，以及與他人親近的時間，除以扣掉睡眠的總時數，取得它們的分配比率。你滿意這樣的結果嗎？你真的需要有更多獨處的時間？或者與某些特殊的人相處？抑或是少點工作或爭執嗎？想出辦法改變你的時間結構，藉以滿足你的需求。

6 在過去一週內，你如何得到興奮（奇遇的渴望）？你的生活是不是過於單調乏味，或者過於刺激？在未來一週內，你要安排什麼來平衡你的需求呢？

7　這本書稍早已經提到，你也可能有所認同，壓力下的存在狀態（existential position）：我好－你不好；我不好－你好；我不好－你不好；或者我好－你好。覺察自己在戲劇三角中，所探究出的最喜愛角色，是在什麼存在位置。你比較容易成為拯救者，採取「不要擔心，我會為你做好一切」的位置？或者是加害者，處在「如果有什麼不對勁，我會立刻指出來」的位置？或者是被害者，選擇了「我陷在泥沼當中，需要有人幫我脫離困境」的位置？當你可以指出你自己的問題時，讓自己了解六種渴望當中，即使可能是虛偽的、拐彎抹角、最終結果卻又可能是無法滿足的方式，這個「角色」究竟被企圖用來滿足哪一種渴望呢？或許藉由遊戲——同時記得我們最喜歡的角色，以及這個「遊戲」可能有，但是通常卻是一點樂趣都沒有的——在某個劇本中受害者角色，我們獲得身體的撫慰，例如輕拍手臂，或者被視為「這麼可憐的老人」。做為一個拯救者，我們或許正在面對我們未被滿足的奇遇需求；或者做為加害者，是在小心翼翼地建構我們的時間。我們每一個人，經常會在遊戲開始的時候，選擇屬於我們角色中的一個不同的議題，以及最後一旦做出轉換時的角色。

8　讓自己變得對自己最常在遊戲中扮演的角色，以及進行的遊戲類型更為熟悉，辨識你的生活當中，在哪一個領域最常會以困惑、受傷或者生氣的情緒來做一個結束——是與你的夥伴相處上、在工作上或者社交層面——這對你會很有幫助。你可能因此發現你一而再、再而三的感覺，或者所遭遇的處境中，最常用來作為結論的用語。你或許會發現類似「我在這種處境，總是努力嘗試，然而一再失敗」，或者「我幾乎總是以被踐踏，或者被他們踢一

腳的感覺來做結束」。基本上，你將會覺察到，在別人面前，你所用來滿足自己需要的遊戲，對他們而言，將會是從另外一個不同的角色觀點，為了他們自己的目的與需求，所進行的相同遊戲。覺察是停止遊戲的第一個步驟，或者是用來幫助你的個案，重點就是，我們已經強調的，遊戲是在成人的覺察之外進行的。

9　一旦你對自己正在進行的遊戲有了一個輪廓，比如說是「踹我」，你可以開始假設你究竟試圖想要滿足何種原始需求／渴望。或許這重複的動作是所謂時間填補（time-fillers），或者是所謂的「你敢踹我」；即使它們是用一種痛苦的方式，卻也可以供應刺激、接觸與認可。當你接著了解到潛藏在你拙劣遊戲下的需求，請列出不同的選擇，可以更為正向地用來滿足你的需要：例如，來一個活力十足的按摩，而不是「踹」。

10　看看自己是否可以發現你可能為了服從你的腳本，再三玩出的特殊「遊戲包裹」。例如，某個人可能開始一個動作，藉由遊戲開始指向增強腳本位置：「哇！教授，你真了不起。」這會有實質但是卻是暫時的快樂，於是這個人可能轉向「看我多麼努力」以及可能在最後轉換的時刻，發展出「現在我逮到你了」或者「踹我一腳」。

11　另一種將你一般的遊戲帶到覺察層次的方法，是回到這本書中稍早所進行的練習中（「人生腳本」），其中你辨識出早年所閱讀的童話故事、寓言、歌曲，諸如此類。看看你現在是否可以追溯到你在故事中玩的遊戲，特別是，分析你最常認同的角色的那齣遊戲。

與個案合作

　　為了讓個案覺察到自己的渴望、滿足與否、進行的遊戲、在遊戲中所扮演的角色，以上的練習也都可以用在與個案的合作中。處理個案進行遊戲的方法，在稍早應用的章節中已經涵蓋。

扭曲感覺

以「Racket」[1]用來描述與行為相關聯的精神內在或其歷程，似乎

1　譯者註：Eric Berne 經常捨棄心理專業名詞，引用美國的俚語來說明心理現象，他視所有的讀者都是具備類似之文化背景，對此等文字有熟悉與親切的理解。然而，他卻未能預料到其所發展出來的理論，受到不同國度與文化背景的讀者如此之歡迎。Eric Berne 使用俚語乃企圖讓心理學成為一般大眾可以親近的學問，但是卻讓不同文化背景的人們因此更難以親近其思想，這一點恐怕是他始料未及的。Racket 一詞被翻譯為中文「扭曲」的起源已經不可考，然而中文「扭曲」卻不能傳神地傳達 racket 一詞的全盤面貌。Eric Berne 使用 racket 一詞來說明人類在成長的過程中，面對環境的壓力下，透過學習的歷程，發展並決定一種能被外在環境與個體內在接受的情感，而此種情感已非最原初的情感反應。Racket 一詞為具有黑社會收取保護費，恐嚇與勒索行為的意義，藉此可以說明個體在兒童時期，迫於環境的壓迫與操縱（就如同黑社會裡的恐嚇與勒索一般），學習到某種情感是被允許與接受的歷程。而這種被允許與接受的情感以及基於此情感所反應出的行為與決定，可以驗證自己的腳本信念不受挑戰與威脅，就好像面對黑道付出「保護費」來獲得

是個奇怪的字眼。Eric Berne 運用有趣的俗語——這個字事實上是源自於黑社會的黑話——「protection racket」是指付錢給黑社會獲得安全保障的組織系統。心理防衛也是以同樣的方式運作。人們藉由此方法保護自己的腳本。也就是說即使在證據確鑿的情況下，我們仍堅持我們對自己與他人的信念。藉此，人們維持現狀，並為此付出代價，自我侷限。

當 Berne 與其同事首次提到扭曲感覺（racket feelings, 'Trading Stamps', *TAB*, 3, 10, 1964）時，他們一般是將它描述為一種感覺。這種感覺概括來說，就是一種在我們生活中，針對自己或生活事件，最經常出現的適應性負向感覺。當我們經驗壓力或者困難的時候，都會重複感受一種熟悉與適應性的壞感覺。你可能正處於一種壓力情境下，但是令人不能理解的是，為何相同處境的別人卻有迴異的反應。例如，如果你的扭曲感覺是恐懼，你就會對該處境出現恐懼的反應。但是其他人會有他們自己的扭曲感覺，例如，巴伯對相同處境的反應是傷心，茱蒂的反應則是憤怒。這些就是他們視為理所當然，應該對該處境反應的熟悉壞情緒，當然你會有屬於你自己的壞情緒。

閱讀上文，人們似乎倔強地選擇依戀於侷限或破壞性的態度與想法；當然，人們並非慎重地做如此的選擇。我們大部分的信念，並非完全在我們意識可覺察的範圍，而是在我們毫無了解的情況下影響我們。即使是負向的腳本，似乎有許多理由要人們去肯定自己的腳本。

安全與保護一般。「扭曲」一譯文雖可以說明 racket 一詞中，個體潛抑了原初情感，透過層層的扭曲，逃避環境的壓迫，最後被允許表達某種情感的意義；但是，仍無法傳達 racket 的神韻。然而因為尚未找到更為恰當之中文譯文，因此譯者在本書中仍採用傳統之譯文「扭曲」翻譯 racket 一詞。

就如同我們已經看到的，腳本是在兒童時期高壓的環境與經驗當中所決定的。通常對我們來說是跳脫不掉的。甚至就如同第八章中所提到的，人類對於建構自己的世界，並提供秩序，有相當高度的需求，腳本正可以提供這樣的滿足。如果人們可以維持腳本，便會感覺到安全。如果我們不斷地重複相同的處境，生活因此更可以預測，也更顯得安全。一旦面對改變的想法，在我們深層意識中，有著恐懼存在。扭曲的感覺，也就是這個涵蓋情感與思想成分的動態內心歷程，以及呈現出的外顯行為，並且以不為人們所覺察的方式，排除一切與腳本不一致者，再度經驗我們從前多次經歷的感受，用來認同我們的感覺為真實。這也使得腳本在當下不斷重演。

我們透過約翰這個案例來說明。基於約翰兒童時期的經驗，他有一部分的腳本信念認為，這世界是黑暗的，外界的人們都想要逮捕他。當他看見某人在他門前經過，他便感覺到懷疑與害怕。他心想：「我打賭那個人是來刺探是否有人在，好準備下手行竊。」接下來的幾個小時，他感覺到十分緊張，躲在窗簾後注視窗外的動靜，卻沒有注意到那個人是在拜訪他的鄰居，並受到有如失散多年的兄弟重逢般的熱情款待。藉此，約翰保護了他對這個世界與其他人的信念與感受；同時約翰透過懷疑與驚嚇，使得人們與生活對他來說是可以預期，弔詭地因此獲得「安全感」。

另外一個例子瑪莉，她的腳本信念是她不受喜愛，因此別人對她不關心。當她接到邀請參加一場派對，她告訴自己，沒有人真正喜歡她參與該場派對，並以此悲哀的感覺收場，決定不參加該派對。瑪莉以孤獨的夜晚作為代價，「保護」了對自我與他人的腳本信念，拒絕冒險透過現實來驗證自己的存在是否受到支持抑或是被否定的。

　　以上兩個案例，說明並非發生的現實，而是我們的思考與感受決定我們的信念。我們的信念，依次建構了一個參考架構（frame of reference），身處其中的我們藉此詮釋發生在周遭的事情，而人們則重複相同的思想與感受，帶來產生回饋於人們參考架構的行動。以下的故事用來更進一步說明。有個人輕車簡從愉快地來到鄉村，遠離緊張的都市生活，但是他卻覺得那裡的人有意激怒他，不願幫助他。事情是這樣的：當他駕車行駛在潔淨的鄉村道路上，他因為車子的前輪破了而停滯了下來。他不慌不忙地取出後車箱的備胎，同時在後車箱找千斤頂。雖然尋遍了所有角落，但是還是找不到千斤頂。他開始感覺到惱怒，並責備那沒有換輪胎的白痴。接著，他發現在幾片田地之外的山丘頂上，有一戶農家。他認為可以找到人幫忙，因此喘了一口氣，感覺輕鬆了許多。他於是啟程前往該農家。

　　當他爬過第一道柵欄，進入第一座牧場的時候，他想到何等幸運，是在這裡爆胎。當他大步向前跨越牧場的時候，心裡想著農夫如何在屋前歡迎他。

　　他想著：「我應該想到的，他會十分樂意地把千斤頂借給我。雖然這裡的村民可能對陌生人有點疑慮的。」雖然他在跨過第二道柵欄時，將褲子扯破了，他還是繼續默想著農夫可能的反應。

　　「雖然我的褲子扯破了，他應該可以看得出我是個值得信任與尊敬的人，會十分樂意幫助我的。」但是他又接著想：「我敢打賭他會借我一支老舊、生鏽的千斤頂，勉強還可以用的千斤頂。」當他步履維艱地走過下一個農場，在正午的大太陽下愈來愈熱，他也愈是反芻地想著。

　　「事實上，我敢打賭他甚至吝於借我那老舊生鏽的千斤頂。你知

道的，有時候人們就像我現在一樣地無助。他們認為你在乞討，並且把你視為塵土。如果他真的借我，也會是非常生氣的。」此刻，他正憤怒地爬過另一道柵欄，進入農家的庭院裡，他心想：「我都已經走那麼遠了，這個農夫都還不能體諒我走了那麼遠的路，就是要借一個那麼不起眼的老舊千斤頂。這種人不懂得體諒。事實上，他就是那種用柵欄把所有的地方都圍起來，好讓人們必須要攀爬過去的人。我敢打賭他一定是一個脾氣很壞的老鬼，自私地不願意借任何東西給別人。這就是今天世態炎涼的人們。」

最後，他終於上氣不接下氣，發抖並氣沖沖地抵達農家，並大聲敲該農家的大門。當體貼的農夫應門時，他卻說：「你知道你可以怎麼處理你生鏽的老千斤頂！是什麼讓你認為你可以為所欲為？」接著，留下了站在門口一臉迷惘的農夫，這位大人氣沖沖地跑下山，嘴裡唸唸有詞地抱怨這個吝嗇、不願幫忙的老頭，並表示他早知道就該打電話給道路救援服務，現實不會像廣告中的情節，不論如何他是不可能遇見大好人的。

扭曲感覺與真實感覺
（rackets and real feelings）

在一篇刊登在《溝通分析雜誌》（*TAJ*, 1, 4, 1971），名為「替代性因素：扭曲與真實感覺」（'The Substitution Factor: Rackets and Real Feelings'）的文章中，Fanita English 對扭曲系統的說明，讓我們有更深入的理解。她清楚地描述一個人如何透過學習選擇了一種感覺做為

扭曲的感覺。她指出在每一個家庭中,有一些情感傾向於被允許與鼓勵,而另一些則被禁止。漸漸地,兒童被訓練為只感覺到那些被允許的感覺。在同一個家庭中,男生與女生則分別有不同被鼓勵或者禁止的情感。例如,比爾坐在高腳椅上,憤怒地把食物丟在地上。他的父母微笑地說:「哦!比爾只是在表達他的目的。」同時,當比爾跌倒受傷,哭了起來的時候,他的父母則說:「好了,大男生不哭的。」如果這種狀況發生得夠多,比爾就會學習到,在面對困難或壓力情境的時候,只感覺到憤怒,並壓垮了他傷心的感覺。他於是容易以憤怒來替代傷心,用以繼續維持他「要強壯」的驅動力。

莎莉,則相反地,在哭泣時得到很多的擁抱與安撫。她的父親這麼說:「好了,來坐在爸爸的膝上。爹地的小女兒傷心難過,可憐的小可愛!」但是她為了得到她要的東西生氣叫囂的時候,情況卻完全不同,父母對她這麼說:「那樣不好。」因此,莎莉學習到面對困難與壓力的情境,即使在表達出憤怒更為合適的情況下,仍然反應出傷心的情感。這種性別差異的腳本系統十分地普遍。你可能會發現男性較難表現出傷心的感受,而許多女性卻在憤怒時,不可理解地流下了眼淚。

發展出扭曲情感這種替代品的另一種過程,是利用第七章曾經談論過的歸因方式。當尼格表現出如同三歲小孩喧鬧般的暴烈情緒時,他的父親則說:「他累了。」他們經常就將他留在他的房間休息。他的母親經常抱怨疲累——你也可以毋庸置疑地想到,她把全部的能量放在如何使情感不表現出來。尼格在成長過程中,經驗標示為「疲累」的感覺,於是也開始在對某些事情感覺到沮喪的時候,標示自己是「疲累」了。很快地,他果真就感覺到疲累。現在這個男人可能經

常讓你抓狂，用模糊的「這一刻，真是累壞了」來回答你問他「你感覺如何」的問題。

於是Fanita English的文章中強調，藉由此一方式，人們學會使用扭曲感覺來取代她所謂的「真實」感覺。當然，扭曲的感覺也是真實的，而且每一剎那都令人感到傷心。Fanita English 所指的是人們並不表達原始的情感，卻用一種比較為人接受的熟悉情緒來掩飾。因此，我們如何區分扭曲感覺與原始情感呢？例如，真實悲傷與扭曲悲傷間的差異為何呢？有一些徵兆的。「真實」的原始感覺與當下發生（或者是發生不久）的事件有關。這可能是一件顯而易見的事情，但是你會發覺我們投注的感覺源起於過去，卻不是針對當下事件的感受。扭曲感覺經常是與我們連接過去或者是未來的思考有關。這種思考可能就像：「我希望事情會變糟！」「又來了！」「為什麼我總是……？」「我只是要表現出……！」或者是「我希望……」等等。原始的或者是「真實」的感覺並不是與任何的思想有關，而是當下對事件的覺察，例如：「湯姆今晚不在這裡，我感覺很難過。」「派翠克忘了去買臘腸，我覺得很生氣。」相反地，扭曲感覺可能是與想法有關的，例如：「湯姆今晚不在這裡，我希望他不是因為我在這裡讓他感到無聊才不來的，我覺得很難過，因為沒有人喜歡我。」或者「派翠克忘了買臘腸，你不能信任人們會為你做好事情，沒有一個人關心我，我覺得很生氣。」

上述這兩個案例中，扭曲感覺的確是一種「真實」的情感，但是感覺的「品質」卻不一樣。「真實」的情感感覺起來經常是相當強烈的，一旦表達出來，就會消散掉，生活也因此前進到下一個當下。這並不是說感覺只有存在一剎那間。如果所愛的人死掉了，我們會難過

很久，或許會持續到兩年的時間。無論如何，這種悲傷可能隨著我們想到這個人，或者如何地思念這個人，而如同潮浪一般陣陣襲來。我們會感到悲傷，哭泣一段時間，然後又感覺好一點，直到下一次情緒再度來襲。扭曲的悲傷，不論如何卻像是陰雨綿綿一般，無法藉由表達而得到紓解。你的個案如果是在整個會談時段中，從頭到尾哭泣，表現出來的很可能就是扭曲感覺。

另外一種扭曲感覺異於真實感覺的指標就是他人的反應。在目睹真實感覺的表達後，人們感覺釋懷；但是在面對另外一個人的扭曲感覺時，人們可能經驗一種被操縱或者是挫折的感覺，並因此進入尾聲。憤怒如果屬於「真實」的感覺，當下的感覺會是清楚而且短暫的；但是扭曲的憤怒卻與持續的憎恨、悲痛、威脅或者是責備有關。相同地，「真實」的恐懼會與當下有關，並會帶來實際面對與處理危險的行動；扭曲的恐懼則是以焦慮、憂鬱或者是神經質的虛耗來表現，並且會持續一段時間。

簡單地說，「真實」的感覺傾向於較扭曲感覺濕熱。當一個人感受真實的悲傷時，鼻涕一把、眼淚一把、體溫上升、臉色改變。但是，扭曲的悲傷會以一種相當冷淡的方式洩露出來。同樣地，「真實」的憤怒傾向於激烈，令人直冒冷汗、唾液分泌增加；扭曲的憤怒可能以冷淡的憎恨來表達，期間不會有任何可以注意得到的體溫或者是汗水。

當然，快樂也有可能是一種扭曲感覺。如果它的發展過程與其他扭曲感覺一樣，人們可以學習將任何的情境「鎖」在光明的一面，否認悲傷、憤怒或者是恐懼的感覺。波莉安那就是一個典型具有「快樂扭曲」的案例。「真實」的快樂，如同其他的感覺一樣，與當下發生

的事件有關，經常會表現出皮膚顏色的鮮豔改變，與其他的生理變化，例如眼睛散發光芒等。它也經常是具有感染力的。扭曲的快樂似乎可能只是喧鬧誇大，但是卻有一種空洞的質感。當它被用來炒熱某些事情的時候，將會伴隨許多的合理化與陳腔濫調，例如當潘羅斯在安慰甘迪時說的話：「一切發生在這美麗世界的事情都是美好的！」

　　再一次地澄清，並不是說人們這樣的感覺對他們自己來說不是真實的。「扭曲」這一個名詞並不是用來展現偏見或者是控訴，而是一種用來幫助個案理解「真實」情緒的方法。在個案準備好要冒險揭露年輕時在家庭中不被允許的「真實」感受時，他的扭曲感覺仍需要被聆聽。如果個案的治療目標就是脫離腳本，當然這也是治療的最後目標與過程中的關鍵部分。於是相當重要的問題是：「這個感覺取代了你什麼感覺呢？」並尋找安全方法，鼓勵與允許原始感覺的表達。

點券（stamps）

　　Eric Berne 認為，有關蒐集扭曲感覺，就如同蒐集情緒「交換點券」（trading stamps）一般：他將累積扭曲感覺比喻成商店或者是加油站給顧客的交換點券一般。如同點券交換的實際情況，這個概念就是在相當程度的消費之後，人們會將點券蒐集並儲存在集點簿裡。集滿點數之後，就可以換一個小禮物，或者是集更多的點券，就可以換更大的禮物。Berne 提到，人們有一種類似的心理集點簿，或者是一系列的集點簿。每當我們生命中發生某些事情，我們因此感覺到沮喪，我們便因此重複與腳本有關的信念，並因此累積該種扭曲感覺，

就如同蒐集一張交換點券一般。當我們在幾天、幾個月或者有時候是幾年之後，心理集點簿裡集滿了點券，我們就可以加以兌現，透過真實展現我們的腳本，並因此一成不變地傷害了自己。

就如同在商店裡，你愈快地兌現你的點券，你的代價可能比較小，心理交換點券上也有類似的情況。一些點券可以換來一段爭執或者是不愉快；點券的量如果夠多的話，則可以造成離婚、自殺、發瘋或者是謀殺——換句話說，就是我們最終的代價（pay-off）。點券或許會在相關的人身上兌現，但也可能歪打正著，發生在相當令人意想不到的人身上。例如，先生可能從與太太進行的心理遊戲當中，蒐集了不少憤怒與憎恨的點券，他在當天早餐的時候與他的太太吵了一架，並在停車管理員登記他違規停車的時候，擦槍走火地叫囂兌換該點券。

另外一個蒐集與兌換點券的例子發生在亨利與朵麗身上。亨利相信生氣是「不對的」。當他是個小孩的時候，他的媽媽不分青紅皂白，在他生氣或者是煩人的時候，便要他到房間裡面待好幾個小時。他會坐在他的房裡感覺被虐待並且很憤慨，但是他卻很快地學習到在外表上表現得很順從。在稍後的生活裡，在工作中，他的上司經常在他的同儕前傷害他，駁斥他並不顧他的顏面做出決策。每當這種情形發生，亨利就會想：「我最好不要大驚小怪！」並暗自經驗他無言憤怒的扭曲感覺。在發生了五十次這種情形之後，亨利已經蒐集了五十張的悶燒點券，他因此對上司大發雷霆，在大庭廣眾下對他大叫，對他惡言相向，藉此兌換他的點券。他因此立刻被開除，這也果真令他滿意，因為他認為他不應該表達他的憤怒，因為這會導致懲罰。

朵麗的扭曲感覺是罪惡感，這種感覺支持她的腳本信念，她從來

都不可能滿足她的需求，因為別人的需要比較重要。因此她從來就不曾向她的伴侶要求她所要的。也就是說，她很少選擇她要看的電影、要吃的食物、使用的家具等等。每次她忍受她不要的事情時，她感覺到一陣的憤怒，但是很快地認為自己吝嗇與自私，而感覺到罪惡。在經過一年蒐集罪惡的點券之後，她準備好兌換點券。在她的案例中，她兌換到的是憂鬱。

　　不同的扭曲感覺顯然有不同的兌現方式。這個人可能得到一場爭吵，也可能是不愉快，或者是一陣焦慮的襲擊。兌現一個相當大的禮物，可能是離開一段關係、生病、或者是自殺身亡。再度強調，重點是要記得人們並非慎重與有意識地做這樣的事情。人們肯定自己腳本的驅力，是人們所能覺察的範圍之外。諮商的任務便是要讓人們覺察自己如何維護自己的腳本、自己的扭曲感覺與蒐集點券的過程，藉此人們可以更自主，並做出更多有益生活的決定。

扭曲系統

　　Richard Erskine 與 Marilyn Zalcman 發展出一種了解人們如何維持他們的扭曲感覺的方法，並發表在名為「扭曲系統」（'The Racket System', *TAJ*, 9, 1, 1979）的文章裡。我們對 Erskine 與 Zalcman 原創的理論做了一些增修，內容如圖 18 所示。這個圖示說明一個人如何在腳本中，進入一種涵蓋信念、感覺、知覺與行為等的封閉自我增強系統。在圖的左側，標示著在兒童時期所形成，與稍後在生活壓力情境下表現的信念與決定。在欄中的底下所寫的「潛抑的感覺與需求」，

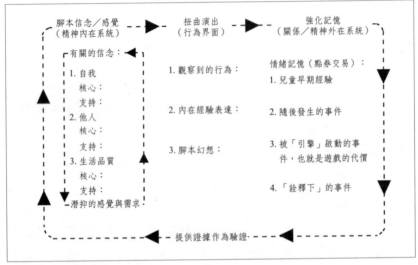

圖 18　扭曲系統（adapted from Erskine & Zalcman, 1979 and reproduced with kind permission）

我想那應該也包含思想、感覺、需求與行動等所有潛抑的經驗。帶有箭號的線條，顯示系統的這一部分具有自我增強的特質；信念維護潛抑的運作，反過來說也有相同的現象。因為這些信念，人們在某些時刻所想的、感覺的、做的都有一種特定的模式，這在圖的中間標示為觀察到的行為、內在經驗表達（感受與感覺）與腳本幻想（將來會發生什麼事情）。從這個觀點來看，人們很可能因此重複真實的或者是幻想的原始經驗，如同當時令他們接受此一信念的原始場景一般。但是即使人們並未有增強信念的經驗，還是可能透過回想事情發生當時的總總來達到同樣的效果。這些「增強的記憶」，包括因為漠視的過程所帶來的錯誤詮釋，則標示在圖中的右側。環繞整個圖，帶有箭頭

的線條，顯示整個具備永垂不朽特質的自我系統。

　　什麼時候人們才會進入扭曲系統呢？我們畢竟不會總是在腳本當中。當生活中發生的某件事情，碰觸人們想要否認的感覺、思想與記憶的禁區的時候，人們於是逃離該禁區，進入熟悉與被允許的扭曲區域。人們於是停留在扭曲系統中，直到發生一些事情來介入或中斷它。我們現在，在接下來有關「應用」的這一個章節，來看看諮商師如何幫助個案中斷他們的扭曲系統，並藉此生活得更為自主。

應用

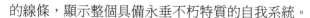

　　在針對個案扭曲系統的工作中，令人感到鼓舞的是，只要改變系統中的一個成分，就可以對整個系統產生影響。因此有許多的方法，可以在當下針對扭曲系統的任何一個點做介入，於是可以邀請個案改變體驗生命的方式。如此可能帶來腳本的改變。不論如何，為了確定腳本的改變，人們必須實際地改變對於自己、他人與世界的信念，因此，有時候需要下更深一層的功夫。這個章節首先提供一些介入方法的輪廓，並在第二個部分中，描述帶來持續與深化改變的方法之一，探索個案扭曲系統起源的工作。

　　當你開始覺察你自己與個案的扭曲感覺，你會注意到不同的人傾向於強調系統的不同部分。例如，當人們處在自己的扭曲系統中，有些人比較能察覺感受到自己的情緒，有些人則較能夠覺察到幻想即將要發生的事情，或記起過去曾經有過的事件。有些經驗則大部分是一種強烈的身體感覺，例如在胃凹的位置有沈悶的感覺。部分的人則是

藉由注意到一些典型的行為，例如踱步、猛抽煙、退縮等等，警覺到他們的扭曲感覺。不同的人以不同的方式來反應。

介入扭曲系統最有效的著力點，經常不是個案目前所注意的焦點。對於那些經常可以感覺到他們情緒的人，例如悲傷、憤怒等等，詢問他們該情緒的意義為何，與需要做些什麼反應，對他們來說是最好的協助。對於那些有強烈的身體感覺，或者是那些出現典型行為的人，則建議他們做好準備。詢問他們希望結果為何？當他們實踐他們的行動時，感覺如何？他們如何才可以達到目標呢？對於主要以思考已經發生事情經驗扭曲感覺的人，大部分可以有效地建議他們覺察感受。例如，可以要求他們深呼吸，注意他們身體的感覺，並表達出逐漸覺察的感受。那些對未來充滿幻想的人則需要將他們帶回到現實。例如，詢問他們現在在做的事情會帶來怎麼樣的處境，他們可以做哪些不一樣的選擇呢？或許可以要求他們當下換個坐姿，或者採取不一樣的行動。例如，可以建議正在踱步的個案躺下來，並在那個姿勢上想想事情。我們建議讀者彈性地尋找介入的方法，千萬記得，藉由任何一個點的改變，都可以帶來整個系統的變化。有效的方法之一是與個案一同畫出一個扭曲系統的簡圖，並藉此讓個案更為了解他們如何促成當下的處境，同時邀請他們在第一時刻，選擇他們較容易與可能改變的成分。

接下來所節錄的片段，是諮商師與個案合作探討他的扭曲系統與背後的感覺。部分回顧的工作，則追溯到兒童時期的根源。

莉姿在團體中退縮，並與團體其他的成員失去了接觸。當她被問到此一部分的時候，她表示她認為每個人都不喜歡她，她不想佔用他們的時間。每個人都肯定地對她表示並沒有不喜歡她，並問她為什麼

會這樣想。她解釋稍早她曾經作過一個建議，但是卻沒有任何反應。
她便立即開始告訴自己，因為她佔用了太多的時間，別人不高興了。
她在別人的肯定下快樂起來，並重新加入該團體。然而這並非單一事
件。莉姿的退縮變成一種常態。莉姿開始了解到這是一種模式。誘發
因素是她沒有得到她想要的關注。常常發生的是她並沒有說出或做出
任何的動作來說明她所需要的東西。諮商師開始透過溫柔的詢問，探
討莉姿的內在心理歷程。

諮商師：當你如此退縮的時候，你對自己說了些什麼？（不論如
　　　　何，諮商師可以選擇從扭曲系統的任何一個部分開始下工
　　　　夫，諮商師此刻選擇了探索扭曲行動背後的思考過程。）

莉　姿：我沒有在想任何事情……是的，我是說，我不知道！

諮商師：你在這麼說的時候你的感覺如何？

莉　姿：我一片空白，我……我沒有任何感覺。在某個地方有個人
　　　　可以感覺（瞬間個案離開了她自己），但是我不行，我是
　　　　空虛的，我沒有任何感覺，我的內心死了（當她接觸她潛
　　　　抑下的感覺時，眼眶自然地充滿了淚水。）

諮商師：看起來你似乎對心死感覺到非常悲傷。

莉　姿：我……（哭泣）。

諮商師：你很難過必須要心死。

　　莉姿哭泣了一段時間。她透過真實表達悲傷的感覺，不再以麻木
退縮來替代，已經打斷了她的扭曲系統。接下來是諮商師稍後的一段
探索。

諮商師：因此我們知道，當你如此退縮並認為別人不喜歡你的時候，你內心深處是真的很傷心的。

莉　姿：是的！我很訝異。我認為我是空虛並且無法接觸的，當我了解到我認為別人要我住口的時候，我真的很受傷害。

諮商師：你認為他們要你住嘴？

莉　姿：對，我是個麻煩，我是個障礙。

諮商師：所以你相信你是個障礙。那你認為別人呢？你對他們有什麼看法？（探索個案的信念）

莉　姿（沉默了好長一段時間，最後以單調的聲音說出）：他們恨我，他們希望我不在這裡，我佔用了他們太多的時間。

諮商師：所以你在這麼想的時候，你決定做些什麼？

莉　姿：沒有。我沒有做任何的事情，我就是心死。

諮商師：你過去曾經有過相同的感覺嗎？——死亡與空虛。沒有看著任何人，沒有任何行動？你記得小時候有過類似的經驗嗎？（探索強化的記憶）

莉　姿（瞪著諮商師）：我一直都是心死的。

諮商師：但是，你可以記得幾次……你讓自己的心死了呢？

莉　姿：太頻繁了……太頻繁了……我對我的母親說……但是她……她說：「出去……閉嘴。」她說：「走開……給我走開。」她是那麼地傷心……我說：「媽，對不起，我可以為你做什麼嗎？我要你高興（莉姿哭泣著）……我可以做些什麼呢？（深深地哭泣著）」

諮商師：媽媽？

莉　姿：她生氣，她說：「我說走開，我不是……告訴你……走

開！」（她開始啜泣，接著停下來）所以我走開。

諮商師：你走開，你安靜空虛地走開。

莉　姿：對！這就是我所做的。這也是我現在做的。當我要某些東西，當我要某個人喜歡我，我就是關閉，並想我不應該在這裡，或者有點像，我就不在這裡。我心死並且空虛。

諮商師：當你真的感到十分傷心的時候。

莉　姿：對。

諮商師：所以，你認為你可以在你開始要關閉的時候，做些什麼不一樣的嗎？

莉　姿（停頓）：嗯，我猜我可以找個人說說。

諮商師：結果會不一樣的。你願意做嗎？（建立行為改變的契約）

莉　姿：是，我願意。

　　莉姿要做的工作顯然還很多，她需要的不僅是找某個人說，也需要提出她需要別人關注的要求，相信別人是要她的，她的需要是被他人接受的。她也需要改變她在母親叫她走開時，所做的「心死與空虛」的決定。不論如何，這是治療中讓她開始在關係中做改變，非常重要的工作之一。在接下來的療程中，莉姿畫出她的扭曲系統（如圖19）。治療工作直接導向莉姿腳本結構的分析，來自母親的禁令（injunction）造就了莉姿的決定，表現出好像心死一般，藉此一方面吸引關注，另外一方面好像被接受似的。

　　點券的概念並沒有被用在莉姿的治療工作中，但是對於團體中的另外一個成員卻很實用。團體中有一個女生請求亨利順道載她回家。他同意了。接下來許多次，團體成員也搭他的便車，他似乎也很樂意

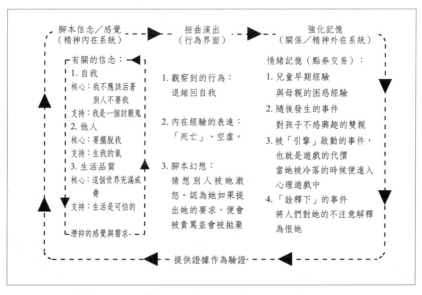

圖 19　莉姿的扭曲系統

做這樣的事情。有一天，團體中的一位成員要求大家一起為克莉絲買個生日蛋糕。亨利拒絕，並尖酸地說他把他的錢全花在加油上了。團體立即面質他的吝嗇。亨利變得自以為是，團體則在不愉快的氣氛中結束。接下來的一個星期，諮商師探索亨利同意載送他人這一件事情。他表示其實他喜歡在團體後有自己的時間，但是他的腳本信念（script belief）卻是，當別人也需要的時候，他不應該做自己的事情。他的母親總是告訴他「討好人」（Please People）。所以他同意載別人，每一次他這麼做的時候，他就在他的集點簿裡存了一張「吃苦耐勞」（Hard done by）的點券，並且漠視自己的需要。在十次（二十次或者是三十次）之後，亨利於是集滿受害者的集點簿，並以在用錢上

的吝嗇爭回自己的正義。如此的理解幫助亨利認識到需要在團體中，對自己「討好人」腳本中的行為、相關的思考與感覺進行治療工作，特別是對於造就該行為有關的母子關係。因此，亨利同意在團體中進行一個中期的解決，在反應之前，花一點時間想一想，是否真的願意為別人做些什麼事情。

練習

自我

1　點券：回憶最近的一次，你將你想說的真正的想法與感覺壓抑下來的時候。

你想要講什麼話？

你卻說些什麼來替代？

你給自己什麼理由？

你告訴自己這個理由的時候，你的感覺如何？

當你蒐集了足夠的感覺的時候，你會怎樣兌現你的「點券」？

你又會如何合理化你的行為？

現在想一想你需要如何，才可以採取不一樣的行動避免「蒐集點券」。

2　扭曲感覺：想像你為一位明天生日的親密朋友挑選禮物。你為了找一個特別的禮物已經找很久了。在一家販賣手工製品的商店櫥

窗前，你看到一件你的朋友真正會喜歡的禮物。價格很貴，但是的確是給朋友的完美禮物，於是你決定買了下來。商店才剛剛關門，但是你已經愛上了這件生日禮物，於是決定明天商店開門的時候再回來，應該還有時間可以包裝好，並在朋友的生日早餐上送達。隔天，你趕到商店，到達後進入店裡。東西還在。你拿起來仔細地端詳。這件製品的背後卻有個標籤：「已經賣給史密斯作為典藏」。

你感覺如何？你接下來會不會有另外的感覺？如果你有兩種感覺：第一種感覺就是你原始自然的感覺，並且很快地被潛抑，並被扭曲感覺所取代。你的第二種感覺是不是經常在事情「有差錯」的時候出現？注意這種感覺背後伴隨的思想與身體感覺。關於生活、他人、還有你自己，你對自己說了些什麼？你做了些什麼？

使用本章最後所附錄的空白扭曲系統架構（如圖 20），看看你能填滿多少這些問題與答案。

3　進一步的探索：回憶最近的一個時間，當時你相信自己再糟不過了，並想像你處在當時的狀況。你會如何最鮮明地經驗你的扭曲感覺（透過感覺、思想、身體感覺、行動與幻想）？回答下列的問題，讓自己了解當你在扭曲中的時候，什麼會是最有用的：

(1)你做了些什麼事情促成此一處境？

(2)你可以有什麼不同的選擇？

(3)感覺如何（情緒）？

(4)你需要什麼？

(5)你如何滿足你的需要？

(6)你現在可以使用，而過去也曾經使用過的有用方式為何？

治療個案的工作

1 對你的個案說明什麼是點券，並邀請他們做上述第一個練習。

2 選擇一位你已經了解一段時間的個案。他的扭曲系統為何？（你或許可以輕易地回答這個問題）如果時機合宜的話，下次在他們感覺到的時候，邀請他們回憶過去曾經有同樣感覺的時候。他們可不可以回憶兒童時期的感覺？當他們有這樣的感覺的時候，對自己的信念是什麼？輕柔地問這些可以引導出扭曲系統的問題，並幫助個案注意到模式中強化的性質。畫一個扭曲系統的結構圖將有助了解。

3 試驗上述練習三中的一系列問題。

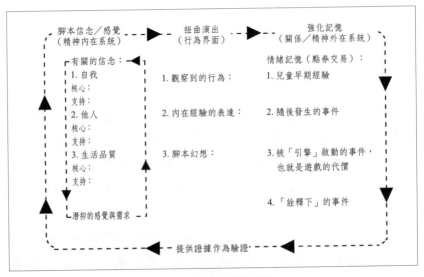

圖 20　你的扭曲系統

評估與改變的歷程

在這一章，我們首先將著眼於評估個案的問題，以及改變歷程的一般性思考，並且更為明確地從交流分析的角度來探討這些議題。當個案前來求助時，他們經常是陷落在三個主要類型的問題中：混淆、衝突或者缺陷（Clarkson & Gilbert, in *'Individual Therapy'*, 1990, ed Windy Dryden）。雖然其中可能有一項是個案主要的焦點，然而通常這三者都會在個案的問題形成上扮演重要的角色。因此，要幫助個案改變，普遍都要評估這些領域中，哪裡、如何、以及達到何種程度地困擾。接下來，讓我們對這些領域做一般性的討論。

混淆（confusion）

許多個案前來尋求諮商的時候，並不十分清楚他們希望從這個情境中獲得些什麼。他們可能知道生活當中有些事情不對勁、不清楚，或者對於發生了什麼事情一知半解，卻不知道從何著手與如何處理這個處境。他們或許也感覺到挫折，並且對於他們為何僅有如此一些模糊的概念，分外地感覺到困擾。

有位個案表示：「我有好的工作、親愛的關係與忙碌的社交生活，但是我感覺如此不快樂，我不了解為什麼。」另外一位個案則表示：「我知道有些地方不對勁，但我不知道究竟是什麼。」許多個案被他們經驗的強烈情緒所困惑：與他們所描述的情境不相關的強烈憤怒，沒有理由的深層悲傷，或者是與所處情境相去甚遠的嚴重焦慮。有些人則被重複的想法所困擾，這些想法渾沌而脫離每日生活中的現實。

對於這些困惑的個案，至少在諮商的初期階段，焦點將會被放在了解與澄清他們困惑的狀態。一般說來，透過與個案形成信任關係，提供一個安全與保護的環境，接納個案的想法與感覺，允許探索所需要的時間與空間，藉此達到上述的目標。

衝突（conflict）

　　有兩種衝突的形式可能會出現，包括人際關係層面與內在精神層面，然而這兩者是息息相關的。此刻個案經常是知道衝突、爭執、與情況的正反兩面，但是似乎是被卡住了，深陷其中無法做出決定，或者是被鎖在與另外一個人未和解的衝突當中。

　　有一個個案這麼說：「我要停止為了家裡不乾淨這件事情與吉姆爭執，但是我仍然對他喋喋不休。」另外一個個案表示：「我知道我可以工作得比以前更久，但是我每一次都還是搞砸了。」許多個案都了解，自己尚未獲得和解的衝突性內在對話，正在冷酷地進行著：「我想要在星期六見她，但是我想她到時候會認為我太消極。我告訴我自己，她可能喜歡我主動一點，但是當時我還是認為我最好等待看看，因為她可能會感到有壓力。於是有一次地……。」或者是「部分的我感覺到這麼糟糕，但是其他的部分仍然持續地告訴我把自己整合在一起。」

　　這些個案經驗過內在的或者是外在的衝突（或兩者皆是），諮商的重點很清楚地將會是這些衝突的和解。這些可能在個案生活中演出的衝突，背後所隱含的情感與思考，以及他們的企圖，將需要加以探索。兩種涵蓋角色扮演的外在對話與澄清內在對話的空椅技巧，對於帶來衝突的和解會有相當的成效。

缺陷（deficit）

　　許多的個案不但沒有困惑，也沒有經驗衝突，但是仍然對於要在生活中做改變感到困難。他們通常都知道他們要的是什麼，也有動機為達到目標做一些事情，但是他們卻沒有辦法成功。有一位個案表示：「我要交更多的朋友，我要學習更社會化，但是我似乎不太容易交到朋友。」另外一位個案表示：「我已經決定要在工作上更為篤定，但是我又再度忽略了。」有一些東西不足。這些東西包括資訊、技巧、經驗或者是允許。要交更多的朋友，那一個人可能缺乏社交技巧、與人親近的經驗或者是未被允許這麼做。另外一個想要更為篤定的人，可能缺乏資訊知道如何不具攻擊性地採取篤定的態度，以及採取篤定態度的技巧與經驗。在他們發展的過程中，可能缺乏了適當的教導、模仿、允許或者是嘗試新行為的直接經驗。諮商可以用來彌補這些缺陷。截至目前為止，可以了解到藉由個案與諮商師間的關係，提供了個案一個保護性的環境，讓個案以不同的方式探索、實驗、學習新技巧、滿足資訊需求，並供應允許個案實踐的訊息，用來修復其缺陷。

　　間接地，我們相信所有困惑、衝突與缺陷三個領域——當然它們可能彼此混雜或者重複——一般來說來在諮商關係中，都很可能被提出來。對許多人來說，有機會表達、被另外一個人聆聽與尊重，這本身就可能促成澄清、化解衝突，以及成為修復的經驗。不論如何，對個案做更直接與清楚的評估，提供這三個領域有效的診斷藍圖，藉此

可以促進與個案間的合作，以及相當程度地促進有效的改變歷程。當
然事情不盡然如此順利，但是在這幾個領域之間移動經常可能是相當
重要與必要的。一般來說，比較可能的狀況是從困惑開始，經過衝突
的化解，最後到修復缺陷。例如，許多個案透過感覺到困惑而迴避經
驗內在的衝突。因此只有在面對困惑的歷程中，這些衝突才有可能被
澄清與化解。經常也是在藉由化解這些衝突，因此才有可能發覺發展
上的缺陷。交流分析提供特殊的觀念，增進在這三個領域的評估與改
變的歷程。接下來，我們將討論這些觀念。

交流分析與混淆

交流分析提供我們兩個有關混淆的重要觀念。第一種相關的混
淆，是由於一個自我狀態與另外一個自我狀態間的干擾所造成，化解
的方法是藉由去污染。第二種混淆經常被發現存在兒童自我狀態中，
化解的方法是所謂的去混淆。去污染的進行通常要比去混淆來得早。

去污染（decontamination）

討論有關去污染的過程，很清楚地顯示必然有所謂的污染狀態。
去污染這個描述可能不是讓人感覺到很愉快，但是它的確捕捉到這個
觀念的精髓。污染乃表示某個純淨的狀態受到其他污染所導致的結
果，當使用在自我狀態的時候，則更為明確。也就是說，成人自我狀
態可能受到父母、兒童自我狀態或者兩者同時的污染。當內化的父母

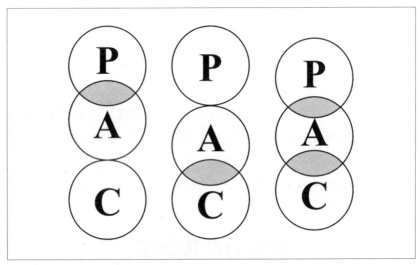

圖 21　污染

感覺、思考或行為干擾了成人自我狀態的純淨，我們稱為父母污染。
當原型兒童的感覺、思考與行為干擾了成人自我的純淨，我們稱為兒
童污染。如果兩種歷史的自我狀態同時干擾，我們稱為雙重污染。圖
21 表示這幾種污染類型，圓圈重疊的部分指涉的正是污染的區域。

　　當我們從污染中，內在或者是外在地溝通與交流時，我們認為我
們是處在成人的。我們可能好像是成人一般地陳述對自己或者是他人
的看法。例如，珍對諮商師的第一句話是：「對不起我遲到了，我真
的是做不好任何事情。」此時珍相信這是一個事實，這好像是成人自
我所認識的當下現實。然而此時，珍正是由成人受到兒童污染的部分
所做出的反應。湯姆開始接受諮商的時候說：「我知道諮商是有點放
縱的。」說得就好像是這是一種無可爭議的事實一般。事實上這卻是

他自己受到父母自我的污染的成人自我狀態，他正重複他的父親所說的每一句話。

我們都有污染，我們對於源自於歷史性自我狀態的一些言行思考信念或者是感覺並無覺察。許多對於其他人或者是某些生活領域的偏見深植於父母—成人污染的區域。例如：

⬤所有紅髮的人都是快步調的。
⬤特殊族群與少數族群是笨蛋。
⬤保持自我。
⬤不要相信陌生人。

許多關於我們自己、其他人、以及這個世界的妄想與幻想，均根源於兒童—成人污染區域。例如：

⬤我真的沒有希望了。
⬤再也不可能有任何好事發生在我身上。
⬤我沒辦法停止喝酒。
⬤我跟一般人沒有什麼兩樣。
⬤蜘蛛／汽車／人們都是嚇人的。

可以理解的是，當個案初次來接受諮商的時候，他們的經驗、感覺、思想與行為就是：這就是我、這就是我的模樣、這就是我的經驗。當然這仍然是個事實，歷史性自我狀態本來就是我們自己的一部分。但是當它們停留在我們的覺察範圍之外的時候，它們很容易以沒

有功能或者不恰當的方式，干擾我們有效的**成人自我**功能，支撐或者增強我們的腳本信念。

為了允許更多的自主選擇，去污染的過程將歷史性自我狀態加以辨識，並將其與**成人**自我狀態予以分離。如同我們前面的章節所提到的，我們可以主動地選擇採取歷史性自我狀態，用來改善當下這一剎那。如果當下這一刻被歷史經驗所污染，而被視為**成人**自我狀態，如此就不可能成功。

應用

去污染很顯然是一種進行式的過程。在諮商早期便開始，持續並超越整個諮商過程。一旦個案很熟悉他們的自我狀態，污染的概念可以幫助他們釐清自己的經驗、信念、思想、感覺與行為。逐漸地，藉由辨認出特殊的自我狀態與他們的內容（結構分析），個案可以分別什麼是此時此刻的現實，而什麼是被誤以為當下現實的彼時彼刻經驗。例如，有關於他們自己、其他人、這個世界的許多看法，都被發覺已經是源自兒童時期，過時而不符合潮流的信念了。相同的是，看似不合當下處境的行為與感覺反應，卻可以正當地被放置回它所屬的歷史位置上。腳本、遊戲與扭曲分析是去污染過程的所有部分。在前一章節的最後部分所延續下來與個案進行練習的歷程中，你已經大大地促成了個案進入去污染的過程。

讓我們更進一步清楚地檢視諮商中促進去污染的方法。豪爾在他與茱麗雅的關係中有了問題：

豪　爾：我一直都感覺到焦慮不安，我想要做對事情。

諮商師：你所謂的做對事情是什麼？

豪　爾：嗯！我認為是去討好她。你知道的，為她做事情。

諮商師：那麼如果你為她做事情來討好她。然後呢？

豪　爾：然後她應該知道我愛她，她就會快樂。

諮商師：聽起來你好像正在說愛就是做事情來討好人。

豪　爾：是的，就是這樣。但是卻沒有用。

諮商師：你有沒有其他的經驗是你試著努力討好別人，卻是沒有辦法成功？

豪　爾：喔，是的。在我母親面前我永遠沒有做對事情。

諮商師：怎麼說？

豪　爾：我努力嘗試讓她快樂。她總是要我為她做什麼事。她說如果我沒有這麼做就是不愛她。

諮商師：大部分時間你一定感覺非常焦慮想要證明你對她的愛。

豪　爾：我不記得在她身旁有過不焦慮的感覺。她從來沒有滿意過，所以我必須不斷嘗試，但是我又再三失敗，於是愈來愈焦慮。

諮商師：所以你一而再、再而三地試著討好她，在過程中你否認你的需要，而且尤有甚者，你從未成功過，你覺得你失敗了。

（停頓）

豪　爾：這不是愛！不，這一點都不是愛。愛是與人同在並且分享彼此，是有付出也有收穫的，不是只有付出或者只有收穫。我不需要繼續證明我愛茉麗雅，我們真實地相處在一

起就是了。

在這個案例中，在幾次的交流裡，諮商師已經幫助豪爾將他的歷史性自我狀態與成人狀態加以區分開來。愛就是為另外一個人做事情的信念。不僅屬於*內攝父母*自我——他的母親告訴他的，也屬於他的*原型兒童*——那個年輕的男孩相信他的母親，並且在持續的焦慮狀態下身體力行。豪爾的成人自我現在已經比較可以就什麼是關係中的愛，做出自己的決定，也能夠選擇依循此等決定行動。

去混淆（deconfusion）

在去除混淆的過程中，我們主要在處理*兒童*自我狀態。去混淆這個名詞意味允許*兒童*表達在童年時期並不被允許表達的感覺、思考與行為，並將這些因為潛抑所帶來的混淆撿選出來。在完成去污染之後，這個過程會變得比較清楚。因此*兒童*自我狀態與成人自我狀態之間的區分會變得比較容易。不論如何，第一次的去混淆出現之前可能已有很多次的去污染已經進行。因此，可以說去混淆也是去污染的一個關鍵部分。例如，在這一個段落之後的應用部分。個案迪波拉需要感覺與表達她的*兒童*自我狀態對於讓母親失望的焦慮感，接著才可以完全了解如何消除她的憤怒。

我們在前幾個章節中已經看到，我們當下的交流、安撫、遊戲、扭曲都受到兒童時期經驗的影響。這些經驗與透過經驗所做成的決定，會從*兒童*自我狀態重播，而且絕大部分經常是受到我們的*內攝父母*自我所增強。這些關於我們自己、他人、以及這個世界的決定，是

在受到自己童年時期特殊環境的影響下，我們所能做出的最好選擇。在去混淆的過程中，我們鼓勵個案接觸並表達他們的感覺、欲望與需求，並讓它們從缺乏功能的信念中獲得自由。在這種場景中，兒童自我狀態的原始欲望，已經被過去兒童時期環境所干預而受到污染，去混淆可以被視為在兒童自我狀態中，進行表達性的去污染。

　　表達受到潛抑的感覺（宣洩），以及藉由身體表達釋放這些感覺，例如哭泣、喊叫、敲打坐墊、扯毛巾、允許身體搖晃等等，是許多臨床工作者在交流分析運用上可被接受與重要的一部分。

應用

　　在這裡將以迪波拉這個案例，說明去混淆歷程的應用。迪波拉自從有記憶開始，就持續感到憂鬱，因此開始接受諮商。她沒有親密的朋友，絕大部分時間都花在工作與讀書上。在諮商過程中，迪波拉談論自己在一個中產階級家庭的童年經驗，在家裡情感是被鄙視的，除了苦於「神經緊張」的母親之外，沒有一個人可以表達自己的情感。如果迪波拉以任何方式表達情感，包括喜悅與興奮，母親就會感到難過，然後去躺在床上睡覺，父親的回應則是拒絕以及像石頭般的沉默。迪波拉大部分的時間都是一個人留在房間裡面，從科技相關書籍的陪伴中獲得安全感——現在她依然如此。已經是個成人的迪波拉，毋庸置疑地對情感仍保留許多父母與兒童污染的信念。她認為情感沒有任何的價值：它們是自私的表現，讓其他人難過，而且可能會招致別人的拒絕。藉由自我狀態的辨識以及結構分析，迪波拉將父母自我

狀態以及兒童自我狀態中的情感，與成人自我狀態中的情感加以分別。現在，我們來參與某一次的會談，迪波拉正首度表現出憤怒的徵兆。

迪波拉：我似乎什麼都做不到。這些解釋似乎全都對我沒有幫助。我跟過去一樣沮喪。

諮商師：你現在似乎對這件事感到憤怒。

迪波拉：沒有，沒有。我只是被它弄得沮喪罷了。沒理由感到憤怒的。

諮商師：如果你覺得生氣，會發生什麼事嗎？

迪波拉：我不知道。你可能會難過吧！

諮商師：然後我可能會去躺在床上睡覺，離開你對不對？

迪波拉：不，我知道你不會的。

諮商師：不過聽起來你的兒童好像這麼想，那也正是你母親的做法。讓她直接對母親說怎麼樣？妳願意這麼做嗎？

迪波拉：我不覺得有什麼意義，但是我會照著做，對她說。

諮商師：好的，讓妳自己變小並對她說（指出母親象徵性地出現在旁邊的一張座椅上）。

迪波拉（對母親）：我不知道要對妳說些什麼。妳從來就沒有聽我說。妳總是談妳的「神經緊張」。

諮商師：還有，她什麼時候談她的「神經緊張」。

迪波拉（對母親）：我沒有任何空間。

諮商師：告訴我，妳對這點有什麼感覺。

迪波拉（對母親）：我沒有任何感覺，因為我知道妳會難過。

諮商師：所以你應該為她的感覺負責？妳要不要對她說出來？

迪波拉（對母親）：不，我沒有辦法為妳的感覺負責。我是個小孩，妳是大人。妳應該要照顧我的！

諮商師：然後，妳感覺……？

迪波拉（對母親）：我覺得憤怒。對，就是這樣，我不是沮喪，我是生氣的。我覺得很生氣，妳沒有辦法處理自己的情緒，卻把它丟給我來承受。妳就只是去躺在床上睡覺，走開並丟下我一個人，好像我不存在似的。（大叫）喂，我是存在的，妳聽到了嗎！還有，我有感覺的！妳或許不喜歡它們，但那是妳自己的問題，不是我的。存在是我自己的權力，我有感覺的。

諮商師：還有，因為她的沮喪並不代表妳應該停止表達自己的感覺。

迪波拉（對母親）：沒錯，我藉由沮喪來照顧妳，那是我停止感覺的方法。那是不對的。妳應該照顧我跟我的感覺。我有感覺的，我需要表達出來。我做到了。

諮商師：是的，妳做到了，而且相當有力。

　　在這個案例當中，是以去污染開啟去混淆的歷程。諮商師了解迪波拉對當下處境的知覺受到兒童自我狀態的污染。藉由區分兒童自我狀態以及成人自我狀態（雖然迪波拉剛開始的時候重演兒童時期的經驗，例如「不要對事情有任何感覺，因為妳知道妳會難過的」），她終於可以表達憤怒，已經被「抑鬱」了這麼久的憤怒。她甚至了解她將感覺抑鬱下來，雖然對自然表達的情感造成傷害，但是卻可以保護

母親。她也了解到即使照顧自己應該是母親自己的責任,她卻已經成功地「撫育」了她的母親。迪波拉可能需要在感覺與表達的這些領域,進行更多去污染與去混淆的工作,此外也顯然需要進行與父親有關的部分。她屆時可能會準備好做出一個新的決定,釋放自己的感覺,並結束自己的沮喪。*再決定*的歷程會在下一個主題「交流分析與衝突」中探討。

練習

如果你在先前的章節中有依照指示練習,你就已經開始進入去污染的歷程了。你可能相當成功地覺察許多的思考、信念、情感以及行為,過去你可能視為理所當然,認為是對當下現實適當的反應,但是現在你可能會懷疑並且辨識出哪些是受到*父母*或*兒童*自我狀態的干預。你可能會注意到多半有所謂的雙重污染。例如,污染的*父母*信念「驕傲之後便會失敗」,同時會有污染的*兒童*信念共鳴「如果我表現對成功的快感,我會因此後悔」,於是壓抑了興奮與自我安撫。接下來的練習可以用來進一步辨識出這些污染,並幫助*成人*自我狀態的去污染。

自我

去污染

1　列出清單，寫下你在家裡經常聽到的格言以及座右銘。在清單中加上你的家人對金錢、性、性別、種族、工作、責任與關係的說法。

2　考慮這當中有些可能是受到污染的。探討整份清單，挑出你已經認為是事實陳述的信念或態度。

3　挑戰這些信念與態度，寫下所伴隨之污染的*兒童*信念。你或許會發現許多污染的*父母*信念會以「你」當主詞，而污染的*兒童*信念會以「我」當主詞。例如「你不可以信任外國人」（污染的*父母*）以及「我不能信任來自於其他國家的任何人」（污染的*兒童*）。

4　跨越這些污染，以你的成人自我狀態加以質疑，並且藉由寫下你以現實為基礎的信念去污染。例如，你可以寫下「大男孩／女孩不哭的」（污染的*父母*）以及「我如果表現出傷心就是個嬰兒」（污染的*兒童*），接著寫下「兒童與大人有時候會傷心，傷心是對失落與傷害適當與健康的反應。我可以哭並且用健康的方式讓自己舒服些」（以現實為基礎的信念）。

去混淆

去混淆的歷程應該在安全的諮商關係與環境中進行。覺察兒童時

期未被表達的想法與感覺，需要諮商師的敏感、支持、允許以及保護，有技巧的諮商師可以扮演與兒童聯盟的重要角色。因此我們並不建議你獨自練習，而是建議可以在自己的諮商師或者心理治療師的幫助下，來進行這個過程。

與個案合作

去污染

　　諮商師在去污染進行的過程中，與個案合作的任務是去聆聽那些思想、感覺與行為，個案會用成人對事實的敘述或者老套的感覺與行為來反應，諮商師則要去質疑並挑戰它們。這並不意味諮商師需使用有攻擊性的挑戰或者迫害，而是站在一種同理的位置，幫助個案從重新評估他們腳本中，干擾當下的不同部分。這些質疑可能包括：

1　質疑其源起，藉以區分三種自我狀態。
　　是誰習慣用輕視的態度談論你？
　　你家裡有沒有人會在壓力下這樣表現？
　　你的家人如何處理憤怒？
　　你的雙親相信努力工作是生命中最重要的事情嗎？
　　所以如果你像個小孩一樣興奮時，會有什麼事情發生？

2　質疑其正當性。
　　人們真的總是因為你表達悲傷而拒絕你嗎？
　　如果別人也嚇到了，你會不會也把他們貼上標籤，認為他們是脆

弱的？

你可以想想不同方法，而不要有相同的反應嗎？

你有沒有過經驗，與一些不會佔你便宜的人親近？

你怎麼知道別人是這樣看待你的？

3 使用過去共有的資訊對當下進行去污染（面質）。

那是你父親過去對你的看法。

聽起來似乎是你在母親對妳嘮嘮叨叨時的感覺。

你與兄弟姊妹的玩耍是自發性的。

我記得你談過你的老師缺席時，你有多麼生氣。

那是你父親在事情不對勁時的做法。

4 三椅工作：為三種自我狀態各準備一張椅子，個案更換不同的座位，表達可能污染成人的思想、感覺或行為。例如個案可以藉由更換座椅，區分歷史經驗與當下現實，探討他們是「愚蠢」的這個信念。在父母的座椅上，他們可能會回想到過去父母親直接的批評與對愚蠢所做的歸屬。在兒童的座椅上，他們可能會接觸到當他們經驗失敗時，認定自己是愚蠢的決定。在成人的座椅上，他們可以藉由認同成人生活中的技巧、智能、創意與成功，來更新這些信念。

去混淆

如同稍早所指出，諮商師在去混淆歷程中的任務是提供一個安全與保護性的環境，讓個案的兒童表達在兒童時期不能表達的感覺、思想與行為。只有在諮商師發展具備真誠、了解與能力，而個案回應以信任與信心的諮商關係中，才可能達到上述的目標。這裡不會有技巧

可以運用，我們談的是一個人與另外一個人發展中的關係。不論如何，一但這樣的關係建立，就如同迪波拉這個案例，在個案的*兒童自我狀態*與相對的*內攝父母*間安排對話的技巧，就會是去混淆的有效工具。在這個過程中，鼓勵個案表達被潛抑的情緒、思想或者行為，理解兒童時作出的決定，並發現他們如何以及為何繼續維持這些決定。這很可能澄清了內在衝突，並導致我們做成現在需要的新決定。

交流分析與衝突

我們稍早已經提過，衝突可能發生在外在的兩個人之間，或者是個人內在的兩個部分。當然，人與人之間總是會有衝突，是彼此不能達到同意的健康部分。然而，當雙方似乎被某方或者雙方所熟悉的某種衝突模式所鎖住時，我們相信這經常是一種內在衝突的外顯表現。在先前的案例中，我們已經看到一方所知覺到的反對，可能是一種*父母*自我狀態所投射的待人態度。事實上，在這些案例中，是需要針對個體內在*父母*與*兒童*自我狀態間的衝突，加以化解的。這就是我們現在要加以闡釋的內在衝突。

癥結理論

以著作《再生之旅》（*Changing Lives Through Redecision Therapy,* New York: Brunner/Mazel, 1979）聞名的 Bob 與 Marry Goulding，使用癥結（impasse，源自完形治療）一詞，來描述個體兩個自我狀態彼此

不合時，卡住的那一點。如同第七章中所描述的，在環境以及父母訊息的壓力之下，兒童將會針對自己是誰的認同以及如何生活，做出許多決定。有時候這些決定將會包含對於父母要求的全盤接受。例如，努力工作、獲得學業成就。有時候決定會是一種在禁令與獲得成長與發展的自然驅力間的妥協結果。例如，接受父親態度的兒童可能有了「不要成功」的訊息。自然地，這個兒童也還是有成功與成就的本能。為了要滿足雙方，這個兒童可能決定，只在不與父母的成就有所競爭，以及威脅父母自尊的領域有所成就。甚至可能有更嚴重結果的案例，關係到接受了「不要存在」訊息的兒童。為了在這種順從與生存狀態之間獲得妥協，兒童可能決定處在憂鬱狀態中，於是在情感上「死亡」。

只要維持這種固執的決定，個體依然因應得宜，而可以維持相對穩定，他們便不會有衝突的感覺。但是，因為在諮商中，經歷過去污染歷程，或者由於生活中有所變動的結果，個體可能開始感受到自然的需求與感覺，而這種感覺卻又是與腳本中創造性的妥協有所對立的。由於成人力量的發展，個體更有力地允許兒童的需求；於是，內在的鬥爭更為顯著。終究，癥結需要被打破，而做出一個新的、健康的決定。這就是所謂的再決定（redecision）。唯有正視兒童真實的需求與感覺，運用符合當下個體生活現實的部分父母自我，加以安撫，才可以做出再決定。癥結有三種類型，如下所述：

第一類型癥結

這種衝突發生在兒童自我狀態與父母自我狀態之間。兒童正在表達自然的需求，並藉由源自於父母自我狀態的社會訊息，告訴他們應

該具備如何的行為表現。例如，以尊重的態度給予「忠告」：「全力以赴很重要」、「你那麼吵鬧他們不會喜歡你」、「做個勇敢的小士兵」，可以來阻止兒童的試驗、吵鬧與敏感。這些是社交層面的訊息（驅力），告訴兒童如何藉由勇敢、討好別人或者努力工作來生活，諸如此類。兒童可能以順從或者叛逆來回應這些要求，這兩者都是適應，同時忽略了兒童自然的需要與感覺。

第二類型癥結

第二類型癥結也包含兒童與父母間的衝突。然而，我們這裡所要處理的是心理層面的訊息，在第一類型癥結發生前更早的時刻，禁令已經以最純粹的形式被兒童所內化。雖然大部分這些訊息都以非語言的形式來溝通，他們可能已經用「給我滾開」（不要存在）、「喔！不要像個三歲小孩一樣」（不要做個小孩）、或者「不要哭」（不要感覺）諸如此類的描述，被埋藏在心裡，或者對這樣的埋藏仍有所知覺。在探索這些癥結時，即使父母的態度是針對某些特定情境的，但是個案仍然可能經驗到的是，父母的全面性禁令。這些案例中，個案的經驗是重要的。當兒童的父母都還像個孔武有力的巨人時，他們就將這些訊息加以內化，他們缺乏足夠的訊息來了解所有的內容，例如母親壓力的一天、父親焦慮時傾向於發脾氣。第二類型的癥結，不論是在父母訊息或者是兒童的反應中，很容易附帶較為強烈的寂寞、憤怒或者無力感的情緒成分。知覺到禁令時，經常會伴隨著害怕毀滅、傷害或者拋棄的恐懼。

第三類型癥結

　　第三類型癥結與其他兩種型態的癥結有所不同，它是起源於兒童自我狀態中，兩個部分間的衝突。運用功能模式的概念，兩個原型兒童自我狀態間的癥結是存在於適應性兒童的一部分，以及自然兒童的一部分之間。自然兒童已經成功地被適應行為所潛抑，於是某些自發性的情緒與感受幾乎已經不存在。

　　第三類型的癥結是在非常早年所做出的決定，也是相當的深層，於是稱呼它們是決定似乎有點奇怪。它們是在我們的思考與推理能力，都還沒有發展的時候，所做出的決定。這意味「決定」是一種存在狀態，比較屬於身體性的選擇（bodily assumption），也可以說是一種被決定的狀態。許多我們身體性的抱持形式，乃源自於這個時候的「決定」。對於在自我範圍之外的特殊指示或者是訊息，經常是毫無知覺的。只是以一種「老是如此」的感覺來表現。例如，個案告訴他的諮商師：「我就是沒有什麼感覺，我從來就沒有。我總是安安靜靜的。」我們可能猜測這個人的母親，為了某種原因，需要她的小孩壓抑自然的感覺——這可能是因為她自己對感覺有不舒服的反應，她當時的壓力程度，或者許多其他的原因。事實上，描述這些事情的這個人，是在一九五六年出生於匈牙利的一個地下室中，當時發生革命事件，他的母親正在逃難當中。從他出生的那一刻開始，保持安靜是相當重要的。但是這個人並無法覺察到任何內在的壓力。他只是經驗到自己是一個安靜平和的人。

應用

即使順利地跨越去污染與去混淆的過程，癥結也獲得了揭露，要在幾段間歇性的工作中，於兒童自我狀態下，立即或者必然地做出新的決定（再決定），並非很容易。這些決定已經被做為討好父母，盡量獲得安撫，以及在某些個案當中，用來生存。這個兒童即使在獲得了整合性成人自我的肯定與保證之後，確保試圖放棄這樣一個重要與必須的決定。它可能是耗費時日、需要許多重複與探索。當時，提供撫育較有力量的成人自我可能還不存在，透過再決定以及新行為的大量練習，永久的改變才有可能達成。

我們將會繼續描述，某些可以用來促進個案做出再決定的技巧。然而，以我們的經驗而言，即使沒有這些技巧，個案也可能在諮商的過程當中，做出許多新的決定。在諮商師與個案間，經過長時間發展的安全與信任關係，個案不僅僅可以在成人自我狀態，也會在兒童自我狀態中，做出新的以及深遠的決定。例如，一位具有「不要感覺」禁令的個案可以表達他的感覺，並且被諮商師以接納與理解的態度接受。假以時日，個案的兒童自我學習到，不管是在諮商場合內或者是諮商場合之外，情感表達都可以是安全與適當的，於是有效地做出再決定。

再決定技術

　　不論是要跨越哪一個癥結，再決定技術需要個案處在一種*兒童自我狀態*當中，其間同時可以運用*成人自我狀態*的資源加以覺察。

　　不論是第一類型或者是第二類型癥結，都可以藉由相同的方法加以處理。實務上，我們發現在化解了第一類型癥結之後，第二類型癥結便會顯現出來（經常，第三類型也會出現，但是需要不同方式的處置，稍後我們會再討論這一部分）。廣泛地說，這兩類型癥結的化解包括以下的階段：

1　當下不滿足的經驗。
2　辨識出癥結。
3　定位出兒童時期的癥結。
4　再度經驗兒童時期的處境，包括當時痛苦的感覺，以及所做出的決定，還有他的影響——利益、缺點等等。
5　透過*兒童自我狀態*加以覺察，了解他或她可以生存，改變決定以及「違抗」父母。
6　再決定。
7　整合新的決定進入個案當下的生活。

　　以上不同階段的簡化程序，似乎意味深刻的改變是可以根據格式來進行的。當然並非如此。實際上，正如我們曾經強調的，再決定的歷程是隱微地，並且歷時久遠，可能需要幾個月；為了有更多的探

索、理解，並且獲得再決定，可能會反覆多次相同的步驟。不論如何，切記以上所討論的內容，運用前一個段落中的案例豪爾，對於這些步驟（stages）深入地檢視，對你會有相當的幫助。

當下不滿意的經驗（an experience of dissatisfaction in the present）

你可能記得豪爾，他在與茱麗雅的關係中一直感覺到焦慮不安，因為他一直想要討好她。這就是他當下的不滿。

癥結的辨識（the identification of the impasse）

在去污染與去混淆的歷程中，豪爾辨識出在他的父母與兒童自我狀態間的第一類型癥結。他的父母（內攝的母親）正在說：「討好我，來表示你對我的愛。」他的順從兒童，一直到現在都還是說：「我會盡我所能討好你，因為那樣你就會知道我愛你，你也會因此快樂。」現在如果換成這麼說：「我不要一直討好你。」這就建立了癥結，於是他與茱麗雅的關係就產生了不滿。認識到這個癥結，豪爾決定自動停止討好別人，並且關注自己的需求。然而這還不夠。即使有相當的決心，對於他的新行為，他仍然經驗到相當大的不舒服，以及一種「拉力」，要他轉回原來的模式。現在，第二類型的癥結被發現，關係到父母禁令：「不要有屬於自己的需求與欲望。」豪爾依然順從這樣的禁令，並且潛抑他的需求與欲望，用來討好別人。如果豪爾可以試圖違抗他的母親，跨越被拋棄的恐懼，豪爾現在便可以表示：「我有我自己的需求與欲望。」這裡我們看到為何在去污染的過程中，只有達到成人對事實的認識，可能並不足以確保再決定的發

生。同樣地，即使跨越了第一類型癥結，並做出討好自己而非他人的決定，豪爾仍然會感覺到焦慮，因為他已經到了面對第二類癥結的時候，豪爾在此癥結中被要求不要滿足自己的欲望與需求，並被威脅如果這麼做便要拋棄他。如果豪爾要達到他所要的改變，兩種癥結都需要解決。

兒童時期癥結所在（*the location of the impasse in childhood*）

由當下的處境回顧過去，豪爾記起母親持續給他的訊息：要他討好她，為她做事，照顧她。這些訊息都是他的童年經驗中，持續與廣泛的「背景」，同時也持續召喚他的焦慮感，讓他不斷試圖討好她。這些是第一類型癥結的成分。進一步地，他回想到早期階段的一個特殊場景，當時他的母親要求他留在家裡坐在她身邊陪伴她，「做媽媽的乖小孩」，不要出去與鄰居的小孩玩。豪爾記起了這種在想要與小朋友玩的興奮，以及想到母親不准許的焦慮間折騰的感覺。他猶豫不決，媽媽看他一眼回應他的猶豫。雖然她沒有說任何話，但是媽媽這一眼對豪爾傳達了悲傷——他感覺到必須為此負責——以及憤怒。當諮商師詢問豪爾這一眼讓他有何文字上的聯想，他回答：「如果你拋棄我，你會後悔的。你敢離開我，我就不理你，你這個壞小孩。」當他在這一個治療時段中，談到這部分時，他感覺到胃部一陣翻騰，並且焦慮不安。此刻，所有的興奮都沒有了，他於是坐在媽媽旁邊，現在媽媽表現出一副滿足的表情。

兒童時期處境的再經驗 （the re-experience of the childhood situation）

透過重新敘述兒童時期的場景，豪爾已經重新經歷許多當時的感受。諮商師邀請他「進入」該場景，並且留在「那裡」。當下以現在式取代過去式說話，豪爾更為全然地「釋放」他在該場景中的經驗：當他的母親像惡魔般地瞪他一眼時，他折騰的感覺、興奮、焦慮、實際上的驚恐，他的默默順從，以及母親滿足之後消失的焦慮。他在結束時表示：「我現在感覺比較好一點，我母親看起來快樂了。我知道她不會離開了。我想到在外面玩的哪些小孩，但是很快地便把我的感覺拋到一旁，因為我不可以是個壞小孩。」

兒童可以存活下來的覺察改變了決定，並且「違背」了父母 （the awareness that the Child can survive changing the decision and 'defying' the parent）

雖然還是處在兒童自我狀態中，個案已經與成人自我有所接觸，他可以運用優勢、技巧、資訊與經驗，幫助兒童自我狀態改變當下的經驗與過去的處境。諮商師幫助豪爾有所覺察，如以下所節錄的部分。

諮商師：當你的母親那樣看著你的時候，你想要對她說些什麼？
豪　　爾（對母親）：我真的嚇到了。我要做我想做的事情，但是我
　　　　　　怕妳離開我。
諮商師：對一個小孩來說，那真是嚇人。如果你尋求成年豪爾的協

助，你身為小豪爾會有什麼不一樣的經驗呢？

豪　　爾：我不會感覺到這麼可怕。

諮商師：如果她離開你呢？

豪　　爾（對母親）：我知道我不需要你在我身邊。只要你喜歡，你
　　　　　　還是可以那樣瞪著我，但是我知道我不需要你。你並沒有
　　　　　　給我什麼。那都是我在給你，討好你。

諮商師：如果你不討好她，會怎麼樣？

豪　　爾（對母親）：那真糟糕。如果我繼續討好你，我會一輩子都
　　　　　　這麼做！那到底是為了什麼？現在我已經沒有什麼好怕的
　　　　　　了。我已經沒有任何可以再失去的了。

再決定（the redecision）

　　在以上節錄的對話當中，你或許「感覺」到豪爾將做出再決定。
事實上，個案經常是這樣的，在到達運用成人資源來協助兒童自我的
目的時，兒童將自發地進入再決定。注意，整個過程豪爾都處在他的
兒童自我狀態中，諮商師知道如果要有效果，需要由兒童來做再決
定，於是對著兒童說話，並沒有邀請他離開這個自我狀態。接下來，
諮商師促成豪爾以清楚與正向的陳述，說出他的新決定。

諮商師：所以你可以繼續不斷地討好她？

豪　　爾（對母親）：是的，我如果仍舊害怕你離開我，我可能就會
　　　　　　不斷地重複。但是我不怕，我再也不怕了。我不要繼續處
　　　　　　在嘗試著要討好你的狀態。我已經受夠了。

諮商師：你會告訴她，你將表現得不一樣嗎？

豪　爾（對母親）：我要注意我的需求以及我想要的，媽。

諮商師：你什麼時候注意到？

豪　爾：我會做些事情。我不需要再猶豫了，我不需要感到焦慮不安。我知道我仍然可以為別人付出，但是同樣地我還是可以要我想要的。

諮商師：所以你會告訴她，你將為你的需求與欲望做些什麼嗎？

豪　爾（對母親）：我會關照我的需求與欲望，我會告訴人們它們是什麼，並且要獲得滿足。

諮商師：當你這麼說的時候感覺如何？

豪　爾：我感到真正的解放。我感到豁然開朗與放鬆。

諮商師：你也這麼覺得！你全身看起來的確都是放鬆的。有沒有其他任何的事情想要告訴你的母親？

豪　爾：沒有，我跟她之間的關係已經處理完了。我要出去玩了。

諮商師：那真是太棒了！

　　注意，諮商師在工作的最後，檢查豪爾是否還有什麼想對母親說的。這可以減少豪爾從兒童自我出來的時候，仍然保留未完成的感覺，這樣或許會稀釋了再決定的功能。

　　在每一次花時間在兒童自我狀態之後，很重要的是在諮商時間或者是工作結束之前，將個案帶回到此時此地，例如，不要讓個案處在兒童自我狀態下開車回家。因此，很重要地，再決定的工作需要在諮商時段內加以安排與規劃，需要保留足夠的時間可以讓個案與成人自我再度連結。過程可以透過諮商師的協助，詢問個案現在是幾點、星期幾、以及幾月幾日，接下來的一個星期要做些什麼，或者要求他們

注意房間裡的某個東西，並且描述它。例如：

諮商師：你認為你已經完全回到當下了嗎？

豪　爾：嗯，幾乎。

諮商師：現在是幾點呢？

豪　爾（看著錶）：三點四十五分。

諮商師：好的，所以在你離開之前還有幾分鐘。今天是你要去接茱
　　　　麗雅的日子嗎？

豪　爾：是的，她提早下班，我要去接她下班。我真期待見到她。

諮商師：晚上有沒有什麼計畫？

豪　爾：我想是到市區吃頓晚餐然後去跳迪斯可。兩個大人出去
　　　　玩！

諮商師：聽起來很有趣。祝你玩得愉快！

將新決定整合進入個案當下的生活（*the integration of the new decesion into the client's current life*）

　　不論個案做出的再決定是多麼地有力，但是如果要讓效果發揮以及持續不斷，似乎就必須要將認知與行為層面，都整合到個案的生活中。諮商師在個案做出再決定之前，可能已經做了相當多準備性的認知工作，例如，結構、腳本或者是扭曲系統的分析，或者是以上三種的綜合，以及提出所想要的行為面成果。針對再決定歷程中所做的處理，與個案討論他的理解，並加以整合，然後尋求練習與監督最終新行為的方法。

　　在豪爾這個案例中，諮商師與他一起回顧之前已經繪製過的腳本

矩陣。豪爾辨識出來自母親的社交層面與心理層面訊息：「討好我來表現你對我的愛。」以及相對地「不要有你自己的需求與欲望」，以及討好她（以及每一個人）的早期決定，藉此可以不要被拋棄，但是卻忽視自己的需求與欲望。他知道他過去做這樣決定的早期需求，但是現在相當清楚他的新決定，他要關照自己的需求與欲望，並且要讓它們獲得滿足。對豪爾來說，練習與監督自己新行為最重要的地方就是與茱麗雅的關係。他訂定契約要在與她的關係中，覺察自己的需求與欲望，並且在他察覺到它們的時候，告訴她是些什麼。每一個禮拜，他會與諮商師共同監督自己行為上的改變。一但新的行為建立，茱麗雅也正向地回應他們關係中的「施與受」。豪爾也訂定契約，要在與朋友與同事間的關係中，也實踐這個新行為。

在最後的階段，個案經常需要諮商師持續大量的支持與鼓勵。記住這一點很重要，不要轉移到別的事情上或者是放鬆了焦點。在某些時刻，戲劇性與強烈的再決定工作經驗之後，將新決定延伸到外在的世界發揮效果可能會有困難。朋友針對個案新行為的反應，有時會令他感到失望。個案需要謹記在心的是，朋友可能已經大量投注在他們以前所保留的方式──也就是他們會選擇他做朋友，是因為他以前就是如此。在豪爾這個案例中，他發現他的一些朋友並不喜歡他向他們要求東西。過了一段時間，他放棄了這些單方面的朋友，而保持那些可以接受新的相互關係的老朋友。他於是建立了相互支持性的新友誼。

現在讓我們來看看第三類型癥結，處理這種癥結的方法與其他兩種有所不同。不同的處理方法是有必要的，因為我們之前曾經提過，這種「決定」發生在這麼小的年齡，並且／或者是在這麼深的有機體

層面，於是並無對外界力量或者是對自己自然部分的潛抑，擁有意識性的記憶。相反地，原型兒童的適應性兒童模式卻被經驗成為「真我」。有時候，隨著諮商歷程的進展，個案開始了了解到即使當下似乎還沒有機會擁有，但的確有許多存在的方式，可以改善生活。例如，賈瑪她的契約是享受她的生活，喜歡自己成為那種「出外去跳舞的人」。她的朋友去跳舞，玩得很愉快，但是賈瑪表示她總是感覺害羞並且笨拙，因此不出去跳舞。針對這位個案，再決定包括了許多的階段，橫跨好幾個禮拜。首先是促進賈瑪覺察到自我當中兩個部分的衝突感覺。她藉由行動化兩部分的對話來進行——一部分是害羞的，另外一部分是愛玩、愛社交的。在這初步的對話當中，賈瑪真實自我的感覺是來自於她的**適應性兒童模式**：「我害羞」。另外一個極端感覺到十分奇怪，並且非常不像她自己。不論如何，這終究是一個機會的開始。

　　你可以注意到第三類型癥結對話與第二類型對話間，有著有趣的差異。在第二類型癥結當中，**父母部分**傾向於告訴**兒童部分**，應該做些什麼，不應該做些什麼，或者是不可以做什麼——「你必須要勇敢」或者「不要有自己的感覺」等等。在第三類型癥結當中，雙方面都在談論「我」，例如「我沒有感覺」以及「我要感覺」。當然，就像稍早的解釋，在這個層次的決定將源起於對外在世界壓力的反應。沒有一個嬰兒會在子宮內就意會到害羞的感覺或者是沒有感覺、沮喪或者是不被喜愛。不知不覺地，他們便因為早期的經驗，採取了這些態度，但是卻因為這麼早（甚至是在子宮內），於是對於父母訊息缺乏有意識的覺察。於是，衝突存在於原型兒童中，**自由與適應性兒童模式之間**。

在賈瑪開始辨認到第三類型的癥結之後不久，她做了一個夢，夢到一隻雌虎輕快地走在村子裡的街道上。當這隻雌虎開始一路以驚人的速度，不費力氣地貼著地面奔馳，經過村莊跑到田野時，雖有許多人一路張望，但是沒有人害怕，而只有敬畏。當她開始探索這個夢時，賈瑪認識到這隻雌虎是十分有力量，以及極具熱情的生物體，可以做她自己喜歡做的事。她也同時強調這隻雌虎有多麼地令人讚嘆，村民都認為她是那麼地美麗與醒目。當被暗示到，在她夢境中的這隻雌虎，其實是她自己的一部分時，她開始咯咯地笑，害羞起來，然後打發掉這個想法。然而，幾分鐘之後，諮商師注意到賈瑪在椅子上，緩緩地以曼妙的「貓樣」動作伸懶腰。諮商師選擇在當下不做任何的評論，但是她知道自己正有意地微笑與點頭表示敬意，期待自己可以扮演好她村民的角色。

經過了幾個星期之後，諮商師注意到賈瑪的態度與外貌，有了一些細微隱約的改變。她談話的方式顯得更有精神，髮型改變了——一個心智改變十分明確的徵兆。諮商師不時地評論這些改變，賈瑪也都認同這些改變。接著，她再度夢到那隻雌虎，這一次是與其他動物在公園裡玩耍。在接下來的諮商會談中，賈瑪同意藉由假設她就是這隻雌虎來談話，探索這個夢。在某一定的程度，感覺受到此一象徵保護的時機下，她把自己投入此一部分，說出：「我很帥氣，令人印象深刻。我正和其他的動物玩耍。它們喜歡跟我在一起。我的皮膚美麗無比，並且相當令我感到驕傲。」此刻，對於暗示這隻雌虎就是她的一部分，個案的反應是咯咯地笑，但是她的眼光閃耀，並未表示不同意。大約就在此刻，賈瑪逐漸更為了解到，自己重複地對自己的能力說些負向與破壞性的話（禁令），人們是否喜歡她，以及如果她讓自

己不斷往前行動將會發生什麼事。她下了一些工夫處理第二類型癥結，期間她開始了解到，每當她開始做事時，她會對自己說「你做不到的」，然後立即感覺到猶豫並且愚蠢。賈瑪過去是家裡最小的小孩，她知道除了父母之外，連兄弟姊妹都對她說過這些事情。

期間，對第三類型癥結層次的工作仍舊持續進行中。有一天賈瑪述說另外一個夢，夢中她與一個小女孩走在海灘上，撥弄攪動著打來的海浪。當詳細述說著這個夢的時候，她哭泣了起來，表示感覺到幸福與悲傷。接著，她進行另外一次，原型兒童中自由與適應性兒童模式間的「雙椅對話」（two chair dialogue）。由適應性兒童，她說出了她留在沙灘上，如何地感覺比較安全：海浪可能會有危險，加上她在各種狀況下都會「害羞」。她不喜歡很吵雜、混亂以及潮濕，她喜歡靜靜地留在家裡看書。她的自由兒童，在浪花的高處回答：「但是我喜歡玩──我喜歡撥弄海浪，讓自己濕了、笑了，並且在海浪上跳舞。」接著她大聲叫嚷：「我要跟我的朋友跳舞。」賈瑪的適應性兒童又哭了，並且說：「但是我怎麼辦？」她感覺到自己好像正發現到新的一部分，即將必須要失去她所知道的「我」。兩個「自我」間開始了協商的過程，加上成人自我的幫助，終於達成了妥協。賈瑪決定不需要繼續害羞，但是可以有些時候選擇安靜，並且可以十分確保自己的安全。不論如何，她可以狂歡、美麗、吵鬧、興奮、也可以跟別人玩得很快樂。最特別的是，她可以跳舞。

從此之後，在過去幾個星期與幾個月當中漸漸發生的改變，開始變得更為顯著。賈瑪開始參加一個舞蹈班，接著加入了一家俱樂部。然後她與幾位工作的夥伴開始規則地外出，追求快樂時光，並且跳舞。賈瑪表示，剛開始在這些場合的時候，感覺到有點笨拙，但是出

乎意料地很快地與他們一同搖擺。最近,她則跟一位朋友開始參加佛朗明哥舞蹈班。此刻反倒是輪到諮商師要對自己說:「我想我可能會喜歡變成嬉皮一樣!」

　　要強調的是,對於上述有關第三類型癥結的工作,並沒有企圖要提供解決這種癥結的格式。我們相信並沒有這種格式的存在。賈瑪帶到諮商室情境中的不同「片段」,以及所做的跨越,顯示這是屬於她自己展露這些癥結的方式,而每一個人都是不一樣的,這個案例只不過是要闡釋一種可能的處置。不論如何,任何一個第三類型癥結真正的解決,反倒不是交流分析的結果,卻有更多的是諮商關係所帶來的,在諮商關係中,諮商師尋求對個案整體的理解、評價與接納,也因此邀請個案以同樣的方式對待自己。這是賈瑪自己的意願,去看、去了解、以及去擁抱她自己已經復原的分裂部分。

練習

自我

1　　想像你最近所面對的一個處境,你很難做出一個決定,雖然不容易,但是你終究還是選擇了要做什麼。閉起你的眼睛,感受在做決定前,該困難時刻與處境下的自我。想想這個困境。感受那種不適。現在則想像你的母親站在你的身邊,父親站在另外一邊(如果你不是由你的父母帶大的,就選擇你七歲時陪伴身邊的兩

個人）。你的母親會給你什麼忠告？你的父親會給你什麼忠告？
仔細地聆聽你的內在世界裡所聽到的聲音。

現在則回想，事實上你做出決定要做些什麼。你聽從母親或者是
父親給你的忠告，或者你在兩者之間取得妥協？或許你根據當下
的資訊，做出了自主的決定。不論你做什麼，很可能在那種困難
處境中，你會面臨一個癥結，透過練習可以拋棄一些顯示出第一
類型癥結的社交層面訊息。

2　現在，停止閱讀並聆聽你內在世界聽到的聲音。仔細地聆聽。你
可能正對你所閱讀的內容有一些**成人**的看法。然而，與這些看法
同時存在的是，一系列內攝進入**父母**自我狀態中的訊息。它們是
關於你所閱讀的內容，或者是與你有關的呢？如果你小心翼翼地
注意，你可以輕易地覺察到潛藏在自己內心的**父母**訊息。這些內
在的聲音可能正在譴責你沒有做的種種事情。它們可能正在告訴
你，讀書並不會對你成為一位諮商師有幫助，因為……；它們可
能正在告訴你，你是愚蠢的，記不得這些的；或者它們可能正在
提醒你，你的朋友沒有打電話給你，可能是她已經不再喜歡你
了。如果你聽不到任何的聲音，那也沒有關係。吐納呼吸一番，
覺察你如何全然地處於當下的狀態。如果你可以聽到內在的聲
音，恭喜你自己有好的覺察力，並且告訴那個聲音，你不會繼續
聽它的了。如果你對於那個想法，感到焦慮、沮喪或者是無望，
你可能已經觸及第二類型的癥結。你可能需要與你自己的諮商師
討論。

3　面對面放兩張椅子或者是坐墊，坐在一邊，並說：「我是
……」，接下來描述一些你所知道，具備某些侷限性，卻又伴隨

你一輩子的屬性（例如，我是安靜、吵鬧、笨拙、遲鈍、骯髒、歇斯底里、壞、慢吞吞、快速、有禮貌、有自信、恐懼的等等）。說出一些「我是……」，進入到讓自己了解自己的心智架構中。並且選擇一個仍然讓你感覺到不舒服的「我是……」。當你說出這個形容詞的時候，讓你自己坐著，並且維持一種適合這個字詞，也相當熟悉的姿勢。讓你的聲音反應出這個字詞的意義。覺察一下「存在」這個字詞當中的感覺如何。

現在轉換到另外一個坐墊。選擇與該文字屬性完全相反的形容詞。不管與原來相反屬性的形容詞為何，說出「我是……」。例如，當你原來說：「我是膽小的。」現在試驗看看「我是勇敢的」。改變你的身體姿勢，來反應這個新的文字。改變你的聲調。你感覺如何？的確，這可能相當奇怪。你希望它對你來說是真實的嗎？如果不是，離開該椅子。不論如何，如果你喜歡認識你自己的某個部分，你可以研究如何建立這個屬性的方法。你可以開始做夢想像，白日夢也好，夜裡的夢也可以。

與個案合作

1   下一次你的個案談論他們自己的一部分，感覺到部分像這樣，部分卻又像那樣時，邀請他們探索這兩個部分，從自己的一個部分談話，然後再從自己的另外一個部分談話。這可以使用兩張椅子來完成；也可以在不要移動身體，而只是在心智中變動，來完成探索。有些人運用他們的雙手來代表兩方，一下以這隻手的立場來說話，一下則以另外一隻手的立場說話。

鼓勵個案探索任何一方的所有想法與感覺。注意是否有一方說：「你是」或者是「你應該」，而不是使用「我是」。有時候，即使是父母訊息，人們也會稱為「我」。不論如何，你注意到的原因可能是因為批評、輕蔑或者是反對的語調。在這種狀態下，你反而可以邀請人們稱呼「你」。個案稍後可能可以辨識出誰是這個訊息的原始傳送者。如果這是第一類型癥結，由於語言被運用時，狀況可能與父母或者是老師第一次使用它的時候相同或者是類似，因此相當簡單。如果是第二類型癥結，那會比較困難，因為事實上父母通常不會以我們對自己述說的方式對我們說——而是我們以那種方式接收與經驗。

許多人也感到要對父母忠實，而不願意讓他們知道自己是如何地受到傷害：或許，做為一個小孩，他們甚至比較喜歡相信自己是「壞的」，因此應該被虐待，卻不願意面對所熱切需要的父母是如此殘酷之後的驚人影響。此刻，諮商師可以幫助這個歷程的進行，並且藉由接受我好－你也好的態度，來允許這樣的成長。

2　假如個案以一種生氣蓬勃的方式談論某些事情，然後似乎被所謂的「但是」中斷，邀請他們討論中斷中發生了什麼，有什麼訊息重複發生。促使他們早期經驗行動化，突顯這個癥結。邀請個案辨識出他們阻礙自己的模式。

3　如果個案以一種重複讓他們感覺到「壞的」模式，談論當下的處境，讓個案嘗試進行如「應用」一節中，進行再決定的幾個步驟。記得，他們並非完全需要在同一天當中完成所有的步驟，有時要跨越一個主要的癥結，可能需要花費好幾個禮拜、幾個月甚至好幾年的時間。

交流分析與缺陷（TA and deficit）

運用缺陷（deficit）這個字，主要用來闡釋在我們人類發展的經驗中，某些經驗的缺乏，或者這些經驗的時機不當。從出生到死亡發展的歷程，好比旅人的旅程一樣。在進行任何一個重要的旅程之前，需要構思各種不同的計畫。途中，我們需要隨時儲備好補給。每結束一段旅程，都需要對未來新的旅程有所展望，以及進一步的規劃。因此正如同養育小孩一樣：需要有所期許，以及深謀遠慮。如果沒有這麼做，便會缺乏或者錯置關鍵的基礎，於是接下來便可能浮現許多困難。

啟程之前，另外一件需要做的事情就是打包行李。如果缺乏某些關鍵的物品就啟程出發，遲早還是需要用到它們，例如到了機場海關需要護照、買火車票需要付款等等，到時候就必須要中斷旅程，直到想辦法找到缺少的東西或者尋找替代的物品。這可能意味著需要折返腳步，回家找到需要的東西；也可能意味著需要停下腳步，直到有人可以遞交所需要的東西；或者經歷尋找替代物或者借用的過程。不論選擇哪一種替代方案，它們的共通點就是，在找到旅行者需要卻遺失的片段之前，行程是沒辦法依照原來的規劃進行的。因此在我們生命的歷程中。導引正常發展──身體、心理與社會──的因素如果付之闕如，那麼人類有機體可能無法持續發展出他所有的能力。當某些生理的剝奪，例如嚴重的營養不良，將導致身體的永久缺損。從交流分析的觀點上來看，即使是非常嚴重的心理與社會性缺陷，都可以在稍

後的發展過程當中，仰賴個案生活所處的環境，予以代價或者是創造性地適應。

在這裡值得強調的是，在人類心理與社會發展上，應該在關鍵時期滿足某些的基本需求。如果這些發展上的課題並未在當時獲得滿足，這些人將試圖在其當下的環境中，盡可能適當地填補這些缺口。有時候他們會發現非比尋常——並且經常是被視為「病態的」——的方式來補償這些缺陷。如果這些早期的需求持續未獲得滿足，後續階段的需求滿足將受到不利的影響。交流分析師 Pam Levin（*Becoming the Way We Are*, Berkely, CA: Palm Levin, 1974）曾經廣泛地描寫人類發展的循環，並且推斷在兒童成長的生命歷程中，有六種重要的發展主題，我們將在這裡描述這些階段，並且加入精神分析師 Erik Erikson 額外的資料（*Childhood and Society*, New York: Norton, 1950/63）。

生存階段（the stage of being）

在這最初的階段，從出生（我們建議從受孕）開始到大概六個月大的時候，嬰兒需要從這個世界（在這個階段裡，這個世界的主要代表者通常是母親）的認同、支持以及對其生存的確認。這將透過嬰兒的身體以及如何面對身體需求，照顧者們如何與小孩建立社交關係，以及小孩對自己的感覺來溝通。後者將是照顧者在嬰兒時期如何被對待的結果。即使是小小的嬰兒都會內攝：也就是說，吸收照顧者的感覺，就好比是他們自己的感覺一般。例如，一位父親或者是母親嚴重地憂鬱沮喪，感覺想傷害自己，他們的嬰兒可能全然地吸收這些感覺，並且經驗這些感覺，就好像這些困難的感覺，事實上都是他們自

己切身的經驗一般。這些經常就是在稍早章節中，所提到第三類型癥結的核心。相對於被父母或者是其他的監護人施以虐待、侵犯、或者不關心他們的身體以及生存，如果給予嬰兒關懷、尊重以及愛，他們將更有機會擁有健康的價值感來成長與生活。

　　Erikson延伸這個階段到大約十八個月大的時候，並且定義這個階段的首要課題是發展相對於懷疑（mistrust）的信任感（trust）。決定這個絕大部分是由母親所代表的世界，究竟值不值得信任，或者需要加以懷疑，是一個「心理社會危機」，解決的關鍵時期就在嬰兒時期。換句話說，在這個階段，嬰兒將獲得或者不會獲得心理與社會的力量：希望。嬰兒需要身體性的自然兒童堅信可以唾手獲得基本需求的滿足。如果他們內攝了這樣的經驗，他們將會發展出對自己與他人適當信任與希望的基本感覺。基於如此，他們可以更為正向地面對未來的發展任務。

　　一位適當獲得這些早期發展任務滿足的成人，將可能在他們其他的基本態度中，擁有對需求本質上的接納、歸屬感，以及安全與樂觀的感覺。他們會感到被接受，並且接納自己的性別，而且會展現出對自己與他人的信賴。一個人在嬰兒時期經驗了剝奪、未被化解的創傷、不適當的模仿、缺乏允許，或者被情緒或心理困擾的父母養育，將可能在成人時期表現出不健康的行為。這些方式包括：殺人、精神病或者是自殺傾向、成癮、飲食障礙、厭惡他們的性別、害怕突然的改變、分離或者是吞噬，以及利用痛苦來滿足他們的需求。有些人可能經驗不滿足的感覺，並且相信他們得到的將永遠不夠，他們可能間歇性地擔心，或者是經驗慢性的焦慮。這些不完整可能會被廣泛地觀察到，或者可能在成年後最常接近到兒童期狀態時湧現。這些時間點

可能是在開啟歷程時，例如一個新的課程，或者更換不同的職業；生病、疲勞、壓力或者受傷時；或者是經歷心理創傷，例如哀悼過程；或者照顧小嬰兒時。

操作階段（the stage of doing）

在大約六個月到十八個月大的期間，嬰兒相當關鍵的發展需求是在這個世界裡行動與做些事情。他們需要模仿、支持以及獲得准許去探索、試驗、準備面對問題、以及滿足好奇心。如果照顧者肯定孩子的探索需求，他們比較容易發展成為具備不受壓抑的創造力、動機與相互依賴能力的成人。如果他們的探索需求在這個階段受到阻礙——同時要記得，雖然信任的議題在生命的前六個月相當關鍵，但是在這稍後的階段中還是有相當關聯的——成為成人之後，這樣的人可能表現出某些問題，例如過度適應、了無生氣、被動、很容易感到無聊，以爭鬥、逃避或者是僵硬的反應面對困難，或者無法覺察身體的需求或感覺，他們可能經常傷害自己，或者經驗到憤怒是比較恰當時，卻感受到扭曲的恐懼感。這些困難如果不是普遍的明顯，則可能在成人的特定時期發展出來，例如是在照顧嬰幼兒時，在創造性歷程的部分時刻，或者是在學習新的技巧時。

如同稍早所描述，Erikson 將這個階段，包含在最初信任相對懷疑（trsut vs. mistrust）的階段中。

思考階段（the stage of thinking）

第三個階段是從大約十八個月大到三歲間，主要的焦點在於肯定兒童思考的能力。兒童藉由獲得允許來滿足這個階段的發展主題：允許有時候為自己思考問題，允許他們反對，允許在學習與試驗的過程中犯錯，允許參與社交活動，以及讓他們經驗穩固的界線。

Erikson定義這個時候的人類發展過程，為自主相對於羞辱與懷疑的階段。他發現這個階段，對於兒童的善意與意志之成長，有決定性的影響。如果兒童在這個階段獲得這些心理社會需求的滿足，他們將會具備個體認同感，並且懂得尊重他人；也將可以在適當的天賦程度下，運用其記憶與思考能力；並且能夠健康地自我控制。不論如何，如果他們感覺到羞恥，過度控制或者控制不足，與成人或者兄弟姊妹競爭，面對問題時受到溺愛，那麼在青少年晚期之後呈現的成人，可能表現出負向、對立、過度控制、過度順從、強迫性、競爭性、恐懼或者是被動的特質。這些缺陷最常被發現的一些時間，是在照顧年輕的兒童，需要思考如何面對危機，採取某些個人立場，結束一段長時間的關係，或者是學習新資訊的時候。

認同階段（the stage of identity）

人類第四個發展的階段，是從三歲開始到六歲左右，期間除了對於先前的發展任務進行強化之外，兒童擁有權力的感覺以及認同感，都需要受到鼓勵、刺激與認同。在自發性以及適當的思考、感覺以及

行動能力這些事情上，他們需要指導以及示範，好讓他們可以滿足需求，而不至於病態、乖癖、混淆或者是愚蠢地行動，並且保持肯定，知道什麼可與現實妥協，什麼是實際上可以實踐的，而非魔法或者是空想。

Erikson 稱這個階段為「遊戲的年齡」（play age）。此階段的兒童將會發展進取的感覺，或者發展學來的罪惡感。

父母是一致的、耐心的並且尊重自己以及兒童思想、情感以及態度，兒童會獲得擁有自己力量的健康感覺，擁有社交技巧，以及展現健康以及活躍的想像力。相反地，如果兒童在生命的這個階段，缺乏父母適當的指導，例如被強迫要為照顧者的情緒、思想或者行為負責，總是被鼓勵要討好在他們之上的其他人，或者被灌輸罪惡感或者無能的感覺，到了成人時期，他們可能會表現出恐懼的症狀，操縱其他人來讓自己的生活獲得控制，冒充顧客在商店偷竊，尋求自我刺激以及被阻礙的創造力，持續嘗試補償犯下的錯誤，或者在合作的關係以及健康的競爭當中找麻煩。

當一位成人正在照顧這個年齡的兒童，發展新的角色，或者在協調一份社會契約時，與這個階段發展缺陷有關的問題，將變得更為顯著。

技巧階段（the stage of skillfulness）

六歲到十二歲的兒童，全神貫注於與技巧有關的發展主題。此刻他們需要獲得確認，可以沒有痛苦，而是快樂地學習，發展屬於個人地處世、開啟與完成任務的整合方式，要求獲得以及使用正向與負向

的條件化安撫，接受與吸收正向無條件的安撫，以及使用「想要」（want tos）來交換「應該」（have tos 依照原文）。

Erikson看到學齡兒童專注於能力勝任的議題，以他的話來說就是所謂的勤勉與卑微（industry vs. inferiority）的議題。

現在，在他們的文化經驗中，一種技術風氣的真實感覺正在發展。如果父母或者是照顧者不會太強求、支配、競爭或者是不感興趣，他們這個階段發展的需求沒有受到阻礙、或者不當的回應，並且在先前需要進行的練習與接受教養的任務上，獲得持續的支持，兒童很容易成長，並以他們的成就為榮。他們面對、開始與完成任務，並且感到滿足，以及感覺能夠勝任他們的文化中之工藝與技術（例如，在一九九〇年代的電腦使用）。不論如何，如果兒童的發展遭受阻礙或者創傷，成人之後，他們面對別人的期待，可能經驗成就的焦慮、自我批評、個體不舒服的感覺、強迫性或者是將問題身體化。

小學兒童的發展缺陷，不僅造成下個階段青少年時期的不良影響，也可能在這些人的成人時期，需要承擔所處科技世界中的許多領域，面對權威形象，爭執與判斷，或者照顧學齡兒童的時候，特別地突顯出所受到的負向影響。

更生階段（the stage of regeneration）

兒童時期需要度過的最後一個階段是青少年時期。在這幾年當中，稍早階段的循環再生特別引人注意。青少年在某個時候像個成人，在另外一個時刻卻又像個小孩。小孩現在特別需要在更生方面受到肯定。他們正在學習如何逐漸與原生家庭分離，離開經驗為庇護所

的家庭。他們也會變得十分關心他們的自主性，脫離父母的陳腔濫調，試圖安全地過著不同於上一代，而是受到同儕或某些團體認同的生活。性逐漸變得十分重要，並且需要照顧者不以羞辱、混淆、興奮或者厭惡，而是直接與坦白的態度來表達與說明。

Erikson 描述青少年關注發展與整合出認同感，而非苦於認同混淆。

在這個階段，青少年尋找一系列不犧牲他們的本質，卻可以賴以立足與生存的價值。這是一個發展以及確認對自己以及重要他人忠誠的階段，於是個體可以邁向自我實現、自主、自發以及更高的自我覺察。

青少年的照顧者在這有時顯得混亂以及革命性的階段中，應該對他們維持適當的支持。他們應該允許小孩與他們分離，同時繼續提供他們無條件的正向回饋。如果照顧者可以符合這些條件，青少年便可掌握契機，進入不同階段的成人世界。他們很可能擁有健康的個體感，具備能力與人互助合作，擁有內攝的價值結構，並且有能力可以維持彼此滿足的關係，以及滿意他們為了結構化時間所選擇的方式。反過來說，如果青少年太早獲得自由，或者是過度被壓抑與保護，他們可能表現出諸多滿足需求的行為，例如嚴重遊戲的行為，性問題、成癮、退化、或者極端地反社會。在個體青少年時期所經驗的缺陷，可能在稍後的生命過程中爆發。尤其是在做為父母面對青少年子女；結束了一段歷程，例如人際關係或者是職業歷程；或者是反過來是開始了一個新的歷程時，例如性關係或者生涯歷程。

你或許會注意到，經過這些兒童發展階段的描述，令人聯想到的就是，兒童因為夠好父母的指導，可以發展成為健康的成人，如果這

些指導是不適當的，則可能表現出混亂的行為。這種不確定性起源於兩個因素：一是個體遺傳的心理與情感彈性程度，另一個關鍵的因素是所有腳本建立過程中，屬於個體選擇的部分。不論父母的影響為何，以及兒童暴露於何種生活經驗，他或她對於要如何因應這些經驗，自己做了個別性的選擇。總是有這樣的故事，說明過度工作的母親滔滔不絕地對四個子女嘮叨：「你最後會在瘋人院結束你的生命。」結果他們成年之後，兩位變成精神病患，兩位則變成精神科醫師。

成人階段（the stage of adulthood）

就像青少年時期一樣，成人時期也有某些很容易觀察到的發展階段。正如同諮商師需要觀察個案在兒童時期發展的缺陷，他也需要認清個案當下以及接下來的成人發展階段。根據 Pam Levin 所描述，這六個兒童的階段會在成人時期以類似的循環再度重演，延續大概十八年的時間。然而，Erikson 在上述的前五個階段之外，又描繪了三個成人的社會心理階段。

他指出青年時期是強化愛的能力的時期。這是有關於發展親密以取代隔離的階段。彼此或者是與不同人間的互相照顧，取代了父母的照顧。性不再是認同肯定的一部分，而是性成熟的一部分，以及反應所內攝的規範，對性伴侶自覺而非強迫性選擇的一部分。全部的成人期或者成熟期，就是當我們面對生命的生產力相對於停滯不前的階段。

接下來我們所牽涉（或者沒有牽涉）的是對下一代的照顧。這可

能包括生育兒女，或者是在不同的領域上，對我們的生態與社會心理世界，做建設性的貢獻。Erikson視第八個，也就是最後一個生命階段關係的是智慧，在面對死亡時，可以保持一種生命公平與積極的關注。此刻，人們面對完整相對於絕望（integrity versus despair），如果生命先前的階段已經完整地整合，我們便可視死亡是必然的界限，並以一種滿足與感激的感受加以回顧。如果先前的階段仍有嚴重的缺乏，人們可能會在沮喪、慮病、妄想或其他類似狀況下，度過餘生。

應用

個案在諮商中彌補發展缺陷的主要方法，乃是透過與諮商師進行中的關係來完成。一個人的生命中擁有可以預期地持續、可靠、夠好、關心自己的人，本身就具備功能，有可能修復其各種病態的發展。研究不同取向的心理治療能否成功的諸多計畫，共同獲致的結論是，不管諮商師執行心理治療或者心理諮商的取向為何，在他們所執行的種種學派間，與最沒有效果的治療師相比較，最有能力的諮商與心理治療的臨床工作者，彼此間有許多的共同性，來協助引發個案更有治療性的改變。這就是為什麼第一次的諮商會談十分關鍵，那就像是生命的前幾個禮拜或者是前幾個月，專注於建立諮商師與個案間的信賴關係。

一位諮商師，在與個案發展關係期間，診斷評估個案心理社會發展上的某些缺陷，他們將需要在治療計畫中，規劃提供一些矯正或者替代發生在這些階段當中不適當的照顧，抑或提供個案在他們發展的

某些關鍵階段中所缺乏的經驗。小心地安排這些處置是重要的，也必須在去污染已經有所成效之後再進行，否則諮商師可能，例如，強化在兒童自我當中的一種神奇思考模式，繼續等待某個人的到來，而且照顧她。

　　需要進行主結構的改變，以及更為深度技巧處置的極端或嚴重缺陷，可能需要獲得外部機構的協助。例如某個專精於回溯方法的心理治療師或者精神科醫師。重點是藉由他們的訓練，持續的督導，以及個別的諮商或者心理治療，諮商師可以在他們自己的能力範圍內接受以及執行任務，並且在必要時轉介出去。不論如何，簡單缺陷的復原，透過敏感與有經驗的諮商師，使用以下交流分析的技巧就可以解決。我們首先要描述四種技巧，並且提供一個運用缺陷模型的長期案例，說明這四種技巧。

自我撫育（self parenting）

　　自我撫育是由 Muriel James（*It's Never Too Late To Be Happy*, Reading, Mass., Addison-Wesley, 1985）所發展出來的一種治療歷程。個體運用整合的成人自我，在可以反應當下需求的情況下，靠近父母自我狀態，藉由再撫育的過程，選擇然後加入一個新的父母自我，到他所存在的父母自我當中。這個新的父母自我，具備他們所需要的特質，但是還不是他們所存在的父母自我狀態的一部分。圖 22 說明一個人的父母自我狀態，其內容在自我撫育過程之前與之後，有如何不同的表現：

　　自我撫育程序中的不同階段如下所示：

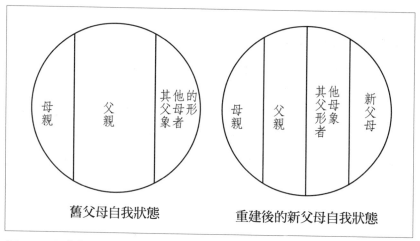

圖 22　自我撫育前後狀態（adapted from Muriel James, *It's Never Too Late To Be Happy*, ©1985 by Addison-Wesley Pub Co. Reprinted by permission of Addison-Wesley Publishing Co Inc, Reading, MA）

1　發展對**父母**自我狀態需要改變，需要新**父母**自我狀態，以及**父母**自我狀態中缺乏了什麼的覺察。

2　關注並接受教育，了解撫育與照顧風格中所需要的共同性質，以及對這些性質的反應如何。

3　分析自己的父母形象，換句話說就是對每一個兒童時期的父母形象，進行歷史性的診斷。

4　養成對自己**兒童**自我需求的覺察，以及如何讓新**父母**自我可以使這些需求獲得滿足。

5　決定什麼是可能的，有誰可以幫忙。

6　澄清所蒐集的資料，並運用你的內在資源，了解你需要的是什麼。

7　學習訂定改善生活的契約，並且練習新行為，引用新內化的*父母*自我行為，來照顧內在小孩。

8　辨認以及慶祝新*父母*照顧行為的產生，於是有意識的行為，可以成為自動化行為。

本質上，諮商師是在協助個案學習如何對理想的父母形象有所妥協，設計並植入一個內在適任的*父母*自我狀態；並且在練習使用他（父）或她（母）的層面上，幫助個案檢視，假如他們有更為適任的*父母*，他們會變得如何不一樣。

焦點撫育（spot reparenting）

下一個運用在處理發展缺陷工作上的交流分析技巧，是 Russell Osnes（*TAJ*, 4, 3, 1974）所發展出來的焦點撫育技巧。他建議使用這種方法，來替代更為深度、長期與重建性的心理治療歷程，亦即所謂的再撫育。因此它在這裡所包含的是一種恰當並且有效的諮商技巧。焦點撫育採取了某些妥協，針對個案面對早期不適當的照顧形式時，給予個案受到*適任父母*撫育所必要的某些小片段，焦點撫育的程序如下所示：

1　個案約定好在諮商時間裡，連結某個*兒童*自我狀態，或者將自己變「小」。

2　個案再度經驗兒童時期，某個負向撫育的經驗時刻。

3　諮商師給予個案所缺乏的撫育。

我們建議額外，然而卻是重要的第四階段：

4　個案「長大」，並且整合這個新的經驗。

父母訪談（the parent interview）

這個章節中所描述的第三種交流分析方法，乃是 John McNeel 的父母訪談（*TAJ,* 6, 1, 1976）。藉由幫助個案真實地體驗自己的一部分與自己的其他部分有所分別，諮商師與個案的**父母**自我狀態，當中的一位內在**父母**對話，進行**父母**訪談，對談程序如下所示：

1　安排個案**兒童**與**父母**自我狀態的「雙椅」對話。
2　諮商師與個案內在的**父母**自我狀態對話，就好像這個**父母**自我狀態是個真實的人物一般。
3　諮商師詢問可能的問題，誘導出**父母**的**兒童**自我狀態。
4　諮商師促進**父母**自我狀態，表達被個案（真實的兒子或者是女兒）的需要與要求所激發的感覺與經驗。
5　個案受到協助，從成人的位置，經驗**父母**自我狀態身體臟腑層次的感覺，因此看到與自己有所差異的**父母**。

為了發揮效果以及保護個案，**父母**訪談需要以原始**父母**，具有威脅但非惡意的角色，做為參考架構來進行。根據這個理由，我們建議只有當諮商師能夠肯定**父母**並非顯著地蓄意虐待性或者具有惡意，並且是在諮商師對**父母**源自於恐懼或者是他們自己未解決的議題之行

動，感到同情，才使用父母訪談。

兒童再生（rechilding）

在第四種處理缺陷的方法中，我們將焦點從父母自我狀態轉移到兒童自我狀態。 Petrūska Clarkson 與 Sue Fish，在他們的文章'Rechilding: creating a new past in the present as a support for the future'（*TAJ*, 18, 1, 1988）中，介紹兒童再生的觀念。雖然這篇文章，提出整個兒童再生的過程，需要在工作坊當中，經由合格與有經驗的心理治療師，花好幾天來執行，但是我們認為「焦點式」的兒童再生，的確也可以在一般的個別或者團體諮商中發生。

正如新的自我狀態，可以被加到父母自我狀態的儲存器當中；新的思想、感覺與行為經驗，也可以添加到兒童自我的儲存器當中。再撫育的工作，提供原來所缺乏的支持與教養，自然地影響兒童自我狀態；然而，兒童再生的工作，直接作用在兒童自我狀態，企圖給予兒童自我新的健康經驗；而該經驗一但適當地發揮作用，不但可以支持，也可以穩固成人自我狀態，特別是在壓力的情境下。

例如，吉姆是家裡唯一的小孩，因為在家接受教育，所以很少擁有與其他人一同玩耍的經驗。在他的成人生活中，他不會「享受」社交生活，也不知道怎麼做才好，因為感覺到笨拙與不恰當，於是想要參與的任何企圖最後都因此被他搞砸了，他發現這些情境充滿了極端的壓力。他在諮商中，針對兒童時期不同年齡與階段，進行了一些兒童再生的工作。在好幾次的會談中，他與諮商師一起玩符合兒童各年齡階段的遊戲，包括五歲兒童的枕頭戰，以及八歲兒童的紙飛機製

作。吉姆運用這些全新健康的遊戲經驗，終於可以在與其他成人相處時享受樂趣。他不僅變成熱衷於猜謎遊戲的高手，也成為一個即興遊戲的天生發明家。在這個案例中，如同其他許多兒童再生的案例，這樣的工作中並不伴隨再撫育的進行。諮商師在吉姆的兒童再生工作中，扮演兒童角色而非父母角色（請注意，諮商師使用的是一種年齡比個案稍長的正向兒童自我狀態，透過成人自我狀態的監督，確保這是一種安全與建設性的經驗）。在團體心理諮商的場景裡，團體的其他成員經常扮演類似於兒童時期經驗中，兄弟姊妹或者同儕人物的角色，而「父母」可能並不在場。

　　兒童再生的程序如下所示：

1　在去污染、去混淆、再決定，以及對父母自我進行工作之後，個案辨識出成人功能的缺乏與障礙，因此可能需要新的兒童自我經驗的支持。

2　辨識出某個特定發展年齡所需要的兒童自我經驗。

3　個案與諮商師建立契約（而且是適合團體的契約），在某一個特定的時段內，退化到適當的發展年齡。我們建議在五十分鐘的諮商時間內，運用前半段中的十分鐘，提供程序中後續階段足夠的時間，並且對個案做適當的保護。還需要確認諮商師以及／或者團體成員（如果有的話）做為協助的角色，並且在這個時候訂定契約。

4　兒童再生的經驗，在彼此同意的時間內進行。不管在兒童再生的過程中選擇何種角色，諮商師顯然都應該負責維持時間結構，以及其他必要的安全界線。

5 個案以及其他兒童再生的參與者回到成人，並且透過建議與討論，讓個案在認知上整合此一經驗。同時，可能可以辨識以及注意到更多方面的缺陷，以便未來進行更進一步的工作。

6 個案在成人自我狀態中，藉由經歷諮商室內或者是之外的處境，練習引導出支持性的新兒童自我狀態，再度經驗當時原本的困難，但是卻表現出不同的行為。

案例

讓我們運用缺陷模式來檢視，並且讓上述技巧扮演諮商中重要的部分，來處理個案莎曼莎。當莎曼莎初次尋求諮商的時候，她介紹自己是一個「沒有見過世面、了無生趣並且年老的家庭主婦，大部分的時間都感覺到悲哀與悲觀」。事實上，她是一個外貌姣好的四十六歲女性，把過去二十四年的時間都奉獻在養育四個健康而且有創意的小孩。

在諮商的過程中，以下發展的議題浮現出來。在四十六歲的時候，莎曼莎仍然處在關於生殖與停滯的生命階段中。她完成了拉拔一個家庭所需要的事情，現在在她的小孩卻不再需要她了，而她因此面對時間結構的兩難。當她還是小孩的時候，關於這個生命階段，她主要的模仿對象是祖母，但是她的祖母卻是「相當悲慘地造成家庭的些許困擾，她試著要讓她自己在我們心裡扮演重要的角色，卻沒有家庭之外的任何興趣」。

莎曼莎的兒童時期經驗，還有許多其他的發展缺陷，然而為了要說明這個案例，於是應該要描述在她十五歲時，父母對她不恰當的照

顧。當時她兩歲的弟弟得到血癌，經過一段長時間生病的過程，最後還是過世了。在他生病期間，莎曼莎有一段長時間看不到爸爸媽媽的經驗，特別是見不到她的母親。她由一位遠房的姑媽照顧。她的母親過去是以相當活潑，並且創造性地追求興奮的方式，與莎曼莎相處，然而這位遠房姑媽卻只是忙著逗莎曼莎的小堂弟。對於這種處境，她並沒有獲得任何合理的解釋與說明。她聽到的是「媽媽和爸爸正試著讓崔佛德好一些，因為他正在生病。如果你非常努力地禱告，以你所有的意志希望他可以再度好轉，那樣的話，每一個人都可以恢復正常」。她在沒有充分的準備下第一次去到了學校，並且在相當缺乏支持的情況下，在那裡度過了前幾天。當她的弟弟去世時，她被告知的是他已經永遠地睡著了，現在與上帝一起在天堂生活。

從上面的描述中可以了解，莎曼莎在發展上需要獲得照顧者的支持，好在這個更大的世界裡，面對確立自我認同的任務，並且開始有力地進行試驗。然而此刻家庭卻突然面對創傷，於是莎曼莎的需求嚴重地未獲得滿足。如果有足夠的空間與關注，讓兒童表達他們對創傷的思想與感受，即使是面對相當可怕的創傷，兒童也可以創意地調適。他們需要指導，以便可以跨越痛苦的現實處境，然而對再度肯定以及再度整合他們先前發展階段的關注，則需要做特別的考慮。不論如何，莎曼莎並未跨越弟弟死亡的這件悲劇。她並未獲得空間、典範或者受到鼓勵，談論弟弟的疾病與死亡。她並未受到協助，了解到有關兒童疾病與死亡的一些事實：例如，這種嚴重的疾病並不尋常，她沒有辦法了解死亡與睡覺間的差異等等。沒有空間與理解，提供她可以自然地退化到較為年幼的年齡，再度強化先前發展任務應達成的基礎支撐——莎曼莎這個案例的任務是為自己思考，以及經驗某種程度

的自主性。面對如此的悲劇，她的父母並非故意虐待她，而是被自己
的腳本問題所纏住。

　　諮商師與莎曼莎進行工作時，提醒自己注意到莎曼莎是在成人的
發展旅程上，幫助她為自己成功地養育四個小孩所展現的生產力，感
到驕傲。他也支持她在拓展其視野與生產力的方式當中，所運用的創
造性思考。莎曼莎的母親身體逐漸虛弱，到死亡，當時她認為應該暫
停諮商、休息一下，諮商師則指出腳本如何增強可能發生的事情，增
加她的信念「當事情變得愈來愈困難時，我應該自己一個人完成所有
的事情」，因此莎曼莎決定留下來，並運用她們的關係來建構一個非
常不一樣的死亡經驗。

　　以下的對話摘要，描述與莎曼莎進行焦點再撫育工作當中的一段
案例，說明處理發展缺陷中某個領域的過程。在莎曼莎的諮商會談
中，她經常提到與姑媽相處時的孤單與絕望，特別記得某個印象鮮明
的傍晚。在稍早的幾次會談中，她已經提到有關的感覺，這次的會談
中，她和諮商師訂定契約，同意要回到當天晚上的經驗，但是這一次
進行的過程會有所不同，諮商師會扮演維護個案利益的仲裁者。

莎曼莎：我在床上。姑媽菲莉帕在樓下看電視。

諮商師：你的感覺是什麼，莎曼莎？

莎曼莎（開始哭泣）：我非常難過，我要我的媽媽。（哭泣）我要
　　　　回家，菲莉帕姑媽並不愛我，再也沒有人要我了。（泣不
　　　　成聲）

諮商師：想像一下，如果我也在樓下，莎曼莎，你願意這麼做嗎？

莎曼莎：願意，你就來到門前。（大聲哭泣）

諮商師（扮演在那個處境當中，有能力的照顧者角色）：喔，親愛
　　　　的！我可以聽到小莎曼莎在哭，在樓上哭。菲莉帕，當一
　　　　個小孩哭得這麼難過與孤單的時候，你不應該忽略她，在
　　　　那裡看電視。（提高音量）我來了，莎曼莎。喔，我的小
　　　　可愛，真是個可憐的小女孩。（當諮商師等候著，發出同
　　　　理的聲音，莎曼莎哭得愈難過）你要告訴我發生了什麼事
　　　　情嗎，莎曼莎？
莎曼莎：我要回家，因為菲莉帕姑媽……不好。
諮商師：對不起，莎曼莎。還有沒有什麼呢？
莎曼莎：媽媽和爸爸不要我了。
諮商師：喔哦！

　　莎曼莎繼續告訴諮商師（她五歲時的夠好照顧者）所有關於家庭
悲劇的思想與感覺。他聽著她描述的故事，沒有一點的反駁與干擾。
當她結束時，我們聽到他幫助她的一些細節。

莎曼莎：包括媽媽在內，再也沒有人要我了。
諮商師：媽媽很難過，忙著照顧崔佛德，那是真的，即使正在做那
　　　　些事情，她還是知道你是她愛護的小女生，有時候也會想
　　　　念著你的。
莎曼莎：我非常非常希望崔佛德會好起來，但是上帝不願意聽我的
　　　　話。
諮商師：我認為你送給崔佛德愛與祝福，希望他好轉的心意，是件
　　　　很棒的事情。但是當人們像崔佛德一樣病得非常嚴重的時

候，他們需要一些特殊的醫藥，需要一些特殊方法的照顧。而且，有很多人都在嘗試幫助崔佛德改善病情，不是嗎？

莎曼莎：嗯！

諮商師：而且一般來說，這些幫忙經常都可以成功地讓人的病情改善，但是有時候生病的人，或者是小男生、小女生，病的非常非常嚴重，因此沒有辦法好轉，這並不是任何人的錯。

莎曼莎：所以他們就會永遠地睡著了。

諮商師：於是他們死掉了，這跟睡著了有很大的不同。你可以了解他們的不同嗎？

莎曼莎：嗯！當然，嗯！當你睡著的時候，明天早上醒來還會在那裡，可以起床吃早餐；但是如果你死了，就沒有辦法。

　　於是這個會談持續進行，直到莎曼莎回到現在的年齡，並整合她的經驗。

　　另外，也可以引用莎曼莎的諮商旅程，作為自我撫育的案例。在上述會談之前或者之後，莎曼莎已經逐漸覺察到自己父母自我狀態中缺陷。藉由與諮商師合作焦點再撫育的幫助（如上所述以及其他的案例），閱讀適當的資料以及觀賞健康撫育的影片，並且在環境周圍中觀察撫育技巧，莎曼莎建立了成為夠好父母的檔案資料。這個工作連結她對自己父母形象的分析，以及她的兒童時期需求。於是達到目標，可以為自己設計一個新的父母自我狀態。她可以開始在成人自我的警惕中，練習這些新的撫育行為，直到這些有效的行為變得自動化，她與諮商師知道這已經變成她成人自我狀態的一部分，隨時可以

在需要時站在**成人**自我狀態加以引用。在以下的摘要中，我們聽到莎曼莎對她的諮商師，說明她練習新的撫育行為的一段經過。

莎曼莎：嗯，上星期二我參加第一次的法文課。

諮商師：是嗎？

莎曼莎：當我剛走進去時，幾乎要掉頭跑回家，因為對我來說，其他所有的學生，看起來都像小孩一樣，我感到格格不入，自己像是古代人一樣。

諮商師：你幾乎想離開了。

莎曼莎：但是我想到我們對就學第一天所做的工作，我想像在我肩膀上鼓勵的雙手……並且，它就像……是的，就好像它是真的在那裡一樣，於是我對我自己說：「莎曼莎，來吧！就是現在放輕鬆，並且放慢腳步，這會是很令人興奮的事情。」

諮商師：嘿，幹得好！

莎曼莎：當時我們所有人對法文都一竅不通，我甚至可以對自己說，我們都是充滿智慧、同年紀的人，因此我感到勇敢了許多。接下來我坐在另一個學生旁邊，並且開始跟他聊天。我甚至告訴他我很緊張，並且猜想他也嚇死了，因為他說他的語言能力很不靈光，為了工作上的使用，因此需要來參加這一個課程。

諮商師：你在那裡似乎十分有效地安頓好自己。

莎曼莎：接著我輕輕鬆鬆地混過去……「滾開！小子！」

　　莎曼莎的另外一段諮商摘要，說明父母訪談的過程。莎曼莎在代表她的兒童自我，以及象徵她母親的座椅間，轉換座位。

莎曼莎（在兒童自我狀態的座椅上）：你總是批評我。不管我做什麼或說什麼，你總是跑來插嘴，告訴我哪裡不夠好，或者我應該怎麼做。為什麼你從來沒有對我滿意過……喔，這有什麼用呢？

諮商師：換座位。

莎曼莎（在父母自我的座位上）：這是為你好，女兒。你當時需要我的。必須要有人照顧你，難道你不知道嗎？

諮商師：換位置。

莎曼莎（在兒童自我狀態的座椅上）：請不要再對我嘮嘮叨叨。（自行轉換自我狀態）就是這樣——把「關心」稱做是嘮嘮叨叨！

諮商師：請讓我跟你談一下，好嗎？威廉太太。

莎曼莎（繼續扮演母親）：好啊，但是我要你知道我不相信你們這些心理諮商師。你會對我說一大堆自我放縱的事情。莎曼莎最好放假，去打網球或者安排一段長時間，外出到某個地方去走走的。

諮商師：是的，這些就是某些放鬆的方法。你有四處走走或者打網球嗎？

莎曼莎：喔，有啊！特別是在莎曼莎這個年紀的時候。

諮商師：稍早我聽到，你似乎十分擔心莎曼莎。

莎曼莎：喔，的確！我不認為她可以照顧好自己的生活。

諮商師：我知道了，她似乎不夠關心你，你感覺怎麼樣？

莎曼莎：我……（猶豫不決）……我……嗯，老實告訴你……我很
　　　　害怕會失去她。

諮商師：你害怕她死掉？

莎曼莎（哭泣）：失去孩子是相當折磨……持續做惡夢好多年好多
　　　　年……我就只是應付，並且是因為莎曼莎的關係，讓我自
　　　　己重新站起來。我認為如果再面對一次，我會只想要死
　　　　掉。（泣不成聲）

諮商師：我了解。聽起來你那段日子過得很悲慘，不是語言能夠形
　　　　容的。我很遺憾。

莎曼莎：你知道，我父親在我八歲時過世，到今天為止，我還不能
　　　　想像，我的母親如何保持一如平常的狀態。

　　部分的時間用來幫助莎曼莎扮演母親的兒童自我狀態，釋放她的
痛苦。稍後，諮商師對這一次的會談做出結論：

諮商師：所以你藉由對女兒莎曼莎的嘮嘮叨叨，來表現你對她的愛？

莎曼莎：我想是的，雖然我也會買禮物給她，表示她對我有同等重
　　　　要的意義。

諮商師：你可以想出別的方法，讓她知道你對她的關心嗎？

莎曼莎：我可以嘗試，並告訴她，但是她的生活這麼忙碌，很少會
　　　　有時間讓我告訴她這些事情。

諮商師：你可以找到時間對她嘮嘮叨叨，也可以買禮物給她。你現
　　　　在願意準備花幾分鐘來告訴她嗎？

　　莎曼莎：是，我會的。莎曼莎，親愛的，我或許說得不好，但是我
　　　　　　要你知道我真的、真的（有點哭了起來）非常愛你……你
　　　　　　非常地珍貴，我很抱歉對你這樣嘮叨。

　　諮商師：好了嗎？

　　莎曼莎：這樣夠了嗎？

　　諮商師：對我來說這是好的開始。感謝你今天可以告訴我，雖然剛
　　　　　　開始還有點保留。

　　莎曼莎：我也要謝謝你。

　　諮商師：莎曼莎，你現在可以回到另外一張座椅嗎？

　　莎曼莎（在兒童自我狀態的座椅上）：天啊，我從來都不知道
　　　　　　（笑），雖然，當然我應該早就知道，並且已經說出所有
　　　　　　一切的，但是我從來就沒有真正地進入狀況，了解我的母
　　　　　　親有多麼地難過與害怕。

　　諮商師在稍後的諮商工作中，指出莎曼莎傾向於犧牲自己的樂
趣，討好別人，當時於是進行兒童再生的工作。這種狀況會被辨識出
來，部分是因為她與姑媽菲莉帕在一起，被要求逗正在學步的堂弟
玩。她與諮商師訂定契約，退化到與姑媽相處的年紀。諮商師同意，
從她自己在成人自我監督下的兒童自我狀態，與莎曼莎一起玩耍，讓
莎曼莎與其他的小孩在一起的時候，擁有「逗樂自己」的經驗。她選
擇玩娃娃屋，一起安排家具的擺設，決定他們在屋子裡要扮演什麼角
色，編什麼故事，雖然彼此有同意的地方，也有爭議之處，但是他們
都一起決定事情該怎麼進行。這個相互關係的經驗，是莎曼莎變成不
但可以逗樂自己，也可以真實地享受與他人相處的第一步。

練習

自我以及與個案合作

　　關於自我撫育，你可以透過下列練習，為自己或者是個案做進一步探討。

1　列出你的優點，並在一旁列出哪些可能有助於引發這些優點的撫育方法。例如：

自己的優點	對撫育的貢獻
• 我體貼自己與他人的需要。	• 模仿健康的相互依賴，以及對自己非救贖性的照顧。
• 我關懷我的朋友。	• 肢體上，實際地愛其他人與自己。
• 我持續地努力。	• 允許慢慢來，有耐心，鼓勵的，並且可以容忍犯錯。

　　同樣列出自己限制了實踐、完成、滿足等等的哪些部分，以及伴隨哪些形式的撫育行為。例如：

自我的侷限部分	對撫育的影響
• 我隱藏我的憤怒。	• 把生氣當作「壞的」。
• 我玩得不夠。	• 過於強調工作與成就，犧牲娛樂。
• 我吃飯時太趕了。	• 與上述類似，趕著回去工作。吃飯是干擾而非快樂。

2 注意,在壓力、挑戰、娛樂種種處境下,你如何撫育自己。如果你發現了一些不適當的自我撫育,建議自己採取不同的選擇。例如:

處境	自我撫育
• 太太生病	• 每週接受一次按摩照顧好自己,並且請別人幫忙。
• 演說	• 持續詢問自己的能力;內在的允許。暗示自己回想過去成功的演說,並讓自己看到下一個成功。
• 打網球	• 供球狀況很差時,鼓勵自己,並採用不同的技巧。

3 閱讀有關兒童需求、發展以及創造性撫育的相關書籍。

4 花時間與不同年齡的兒童相處。觀察兒童涉及的發展任務,注意哪一種照顧風格,可以提升兒童全面的自我實踐,哪一種風格會抑制他或她天生獨特的個體性。同時也花時間在超級市場、火車上、公園裡或者電影院,觀察撫育風格如何不同。

5 溫柔地鼓勵你的兒童自我,列出他或她的欲望與需要,警覺不要讓你懲罰性的父母自我出來干預。一會兒,你的成人自我狀態將需要負責協調,兒童與初步產生的新父母,保護兒童免於受到舊父母的傷害。在你的心智領域中,創造一種包含可以表現夠好父母,種種不同模範特質的混合形象或者拼圖,有時候會很有幫助。你可以選擇以紙筆做這項工作,或者從雜誌上剪貼,藉此你可以實際地指出並描繪你所需要的具備關懷的父母。

6 要求你的成人自我,每天或者每個星期安排一些簡單的試驗,在

你缺乏的領域，提高你所需要的關懷。例如，你可能會同意至少
每天三次給自己鼓勵的評價，所以你會告訴自己一些話，例如：
「你在讀這本書，運用它，真棒，做得好，瑪莉。」在任何形式
的互動中，不論是外在的或者是內在的，一個人的姓名以及聲韻
都可以用來強化交流中關懷的特質。

7 分辨出你自己兒童時期缺陷的領域，與你的諮商師或者心理治療
師訂定契約，做一些兒童再生的工作。根據所列的程序，對你的
個案做同樣的事情。

案例

初步與個案接觸

　　厄妮絲汀在一位關心她的朋友建議下，來找諮商師。她身高矮小、體態豐滿、非常可愛，有一頭褐色捲曲的亂髮，年紀二十一歲，但是看起來比實際年齡要小一點。她穿著印地安編織的漂亮長裙以及引人注目的短上衣，並且帶著邋遢的貝雷帽，看起來比較像是一九六〇年代的人。諮商師詢問她的名字，她說她比較喜歡被稱呼厄妮，這似乎是壓縮了她對自己的感覺，以及對這個世界的態度：混淆、叛逆、爭鬥和年輕。她是家裡最大的小孩，有一位十四歲的妹妹，以及一位十二歲的弟弟，她與父母同住。當她在十七歲離開學校之後，做

過幾個短期的工作,然而大部分的工作都埋沒她的潛力,並且在不愉快中結束。她發現人際關係的困難,並且對她的工作,以及主要是演唱民族歌謠與參與民俗慶典的社會生活感到困惑。

呈現的問題與契約

第一次的會談中,厄妮表示她通常是非常不快樂的,還有喝酒的問題,不但在公司喝酒,也在房間裡獨處時喝酒。她也談到對工作的擔心,因為工作普遍未達滿意程度,因此有被懲戒的威脅。她沒有辦法與其他的員工相處,也不喜歡這份工作,但是因為財務的因素,以及迫切地想要改善她的工作記錄,因此不想失去這份工作。透過閱讀,厄妮學會了許多心理學的行話,使用在描述她的缺點上。她告訴諮商師,表示自己是「操縱的」以及「玩遊戲的」。諮商師詢問厄妮為什麼這麼說,她回答表示這樣諮商師才可以了解它,並讓它不要再發生。似乎這對諮商師來說,不但是合理的期待,也是一種遊戲的邀請,「為我做些事」(Do Me Something),一種*受害者-拯救者*的遊戲,她已經玩這個遊戲好一段時間了。

諮商師做出結論表示,厄妮的兩個驅力行為是*努力嘗試*以及*要完美*:持續地聽到一個非常負向、內攝的父母,以及一個相對的兒童自我狀態,順從但是卻對父母形象者十分憤慨。

事務性契約

厄妮與諮商師同意每週見面一次,每次一個小時,並約定治療費用。厄妮的父親同意為她的諮商付費,但是在諮商開始一段時間之後,她與諮商師達成協議為自己負擔一部分的費用。諮商師認為這不但顯示她持續處於依賴狀態,也顯示她想要獨立的願望。他們也就隱私保護,以及取消會談與假日等安排達成協議。

初步的治療契約

當諮商師詢問厄妮,她想要透過諮商為自己做些什麼時,她表示想要找到改善工作以及與同事間相處的方法,然後可以繼續她的工作。她也害怕可能會因為自己的因素而放棄這個工作。她表示要放棄遊戲(這是她自己的用語,並不必然與交流分析的定義相同)。於是他們達成兩項契約:(1)在還沒有找到更好的工作之前,留在現在的工作崗位;(2)學習直接地表達她的需要,並且就這麼做。

因為厄妮已經有好幾年處在憂鬱狀態,甚至曾經企圖自殺,諮商師要求她訂下契約不傷害自己或他人。她不願意在此刻訂下長期的契約,但是同意會這麼做一個禮拜(或者,如果因為任何的原因造成諮商時間延期,則將直到下次諮商師與厄妮見面時)。這個維護安全的契約,持續了幾個月,並不時小心翼翼地加以更新,直到厄妮可以訂一個為期更久的契約。為了獲得更合理正確的資訊,來判斷如何應付她喝酒的問題,諮商師要求厄妮記錄未來一週所有喝酒的行為,她同

意照著做。

歷史

　　厄妮是家裡第一個小孩。母親在某個開業診所的手術室工作，父親是銀行的經理。當她三歲時，天生體弱多病的妹妹來到這個世界，佔據了母親大部分的關注，因此厄妮被送到姑媽家，與姑媽相處了好長一段時間。大概五歲的時候，她的妹妹過世了。接著，厄妮被媽媽當作是「難帶」（difficult）的小孩，並且帶去找兒童精神科醫師。厄妮沒辦法清楚記得這些會談，但是似乎那些過程並不管用。雖然她的父母企圖鼓勵發展她的藝術天份，但是她在學校還是不快樂，整個學校生活期間，都感到自己是不受歡迎的。

　　厄妮提到兒童時期總是感到困惑，困惑人們到底要什麼，他們說的話意義為何，困惑自己該要怎麼做，以及她的行動會有什麼後果。一位她曾經很親近的朋友，後來卻變得有點疏遠，最後在厄妮十五歲時因為癌症去世了。厄妮感到十分沮喪，想得到母親的同情，但是並沒有得到太多，而且她沒有被允許去參加喪禮。諮商師猜測，不但對這些早期的失落，甚至對接下來困擾她的一些未解決的情感，都沒有適當地加以哀悼。十七歲時，她企圖自殺，接著被轉介給精神科醫師處理。

　　雖然厄妮不曾有男朋友，在一個為期一星期的民俗慶典當中，她卻愛上一位較為年長的男性。接下來感覺逐漸淡化，現在她則會對那樣的想法感到尷尬。她說她要到被挑中的時候才要有性關係，希望到時候一定要有一位男朋友。最後，這並沒有成為諮商會談的焦點。諮

商師判斷當時機到來時，這將相當自然地到來。諮商師感覺到發自內心地喜歡她的個案，她發現諮商像厄妮這麼具有挑戰性的個案，是可以對她有幫助的，的確有時候也證實確是如此。

評估

漠視

　　諮商師很清楚厄妮與母親的關係不健康，厄妮漠視自己照顧自己、為自己思考的能力。她會說：「我感覺我只是半個人。媽媽填滿另外一半。」她顯著投注於停留在兒童時期，當時母親以不適當的父母自我形式，為她煮飯、打掃、收拾。在她這部分的「代價」，就是藉由不快樂而使「壞」，來肩負母親因二女兒死去所來表達的哀傷與憤怒。雖然諮商師在這些會談中，正向地安撫厄妮清楚的思考以及表達，但是她會漠視自己，表示「我只有在這裡可以這麼做，我自己一個人做不來」。

腳本矩陣

　　在諮商歷程的前幾個月當中，諮商師與厄妮共同繪製厄妮的腳本矩陣。父親的形象總是比較模糊，幾乎只有母親的影子。父親對於厄妮的腳本的貢獻就是讓她模仿了被動攻擊行為，投降，並且與厄妮的

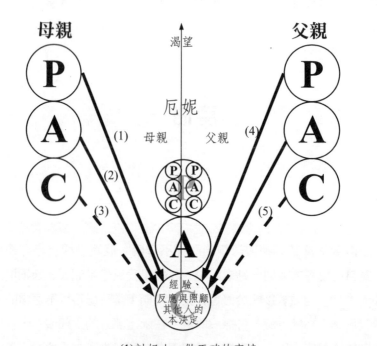

(1)討好人，做正確的事情。

(2)有效率的員工與組織者。

(3)不要感覺；不要成功；不要離開我；不要耍我否則我會逮到你了；

不要為自己思考；不要⋯⋯

(4)努力嘗試；像我一樣沒有效率。

(5)不要快樂；不要親近；不要成功。

圖 23　厄妮的腳本矩陣

母親妥協。厄妮的父親非常地疏離，可能讓厄妮接受到「不要親近」
的禁令。母親提供更多積極的訊息，影響厄妮的決定以及腳本的形

成。諮商師很快地就發現，厄妮除了稍早所提到的驅力之外，還有
「討好人」的驅力，以及來自母親的主要禁令：不要感覺、不要成
功、不要離開我、不要耍我否則我會逮到你、不要考慮你自己、以及
一般的不要，立即變得十分顯著。許多禁令都相當顯著地與不要成為
一個有個別感受、想法與需求的指導有關。

　　厄妮花了許多時間，遵從這些她所接受到的社會層面訊息，努力
在工作以及把地毯編織整齊的嗜好上，嘗試做對事情。當她的兒童累
了或者反抗，停止做對的事情，也不再討好別人，於是就掉入腳本的
心理層面，感到罪惡與恐懼。此刻，她沒有辦法思考在工作中要做些
什麼，拖延事情，做她的編織，以及她「應該」做的其他事情。最
後，她會試著趕上或者做修正，跟隨著社會層面的訊息，並且相信
「如果我做對事情，並且討好別人，我就是好的（OK）」。透過這樣
的腳本形成過程，厄妮在生命的早期便已做了決定，認為所有壞的事
情發生都是她的錯。在她的妹妹過世之後，家人選擇她做為「代罪羔
羊」（identified patient），這觀念於是被進一步地被強化。她要在生
活中達成願望，就需要改變這個決定。

　　把這點列入考慮的話，諮商師對厄妮的印象是一個掙扎著要長大
的年輕女孩。以 Palm Levin 的發展階段的專有名詞來理解，其主要的
缺陷，似乎發生在 Levin 稱之為關乎自主性發展的思考階段（十八個
月大到三歲），這阻礙了她完成稍後的發展階段，妨害她確認兒童早
期真實認同感的任務。因此，她表現得比較像是青少年，而非一個成
熟的年輕女性。她需要幫助，以便可以與母親分離，完成自主，以便
發掘真正的自己，以及要過什麼樣的生活。諮商師沒有料到，一旦在
到達分離的點時，由於早期的創傷，她在完成契約上有了困難。

厄妮剛來的時候，只是簡單地想要終止她的不愉快，但是過了六個月之後，她開始認識到自己的困難，並且以這樣的態度表達：「我像隻變色龍。我試著給每一個人，我所認為他要的東西，於是我便不斷地改變，端看與什麼人在一起。我從來就不是我自己。我不知道我是誰。如果不再扮演變色龍，我不知道我還可以是什麼樣子。」此刻，重新加以審視並修改初期關於維持工作與學習要求所要的東西那份社會性契約，做成一份特別提到有關作為一個單獨存在個體的議題之契約。

諮商師對於最可能之諮商歷程的想法

建立關係

為了讓厄妮可以運用諮商會談，建立信任感與信心對厄妮來說相當重要。在這一段時期她敘述自己的故事，與諮商師即將開始一同了解，並且對想要做的改變訂定契約。諮商師認為自己與厄妮間的關係將十分重要，因為厄妮早期與母親間的關係障礙，造成她信任感發展失敗，以致無法發展自主性，需要再度經驗適合當初早期階段的關係——該階段需要包容、設限、撫育以及尊重。

混淆

諮商師評估厄妮成為一個單獨個體的過程，需要開始去污染，並且需要強化她的成人自我。因此，她需要使用交流分析的古典分析法：結構分析、交流分析、遊戲和扭曲系統分析以及腳本分析。厄妮

極需要將自己從極為嚴厲與負向的**不適任父母**中解放，因此諮商師決定在諮商會談的前期，教導她功能分析。她的反應良好，從開始就可以適當地運用自我狀態結構分析，以及交流分析。在約定進行去混淆之前，需要進行密集的去污染工作，這部分涉及到建構穩固的內在支持，允許表達先前被禁止的感覺與需求。

衝突

厄妮將進入狀況，完全地經驗與化解她的癥結，導致最終的再決定。她很明顯地需要改變早期決定，她當時認定自己是壞的（「當事情有所差池時，我都覺得是我的錯」），並且需要處理禁令：不要快樂、不要成功。她的目標於是包括發現她是誰、離開她的家人、以便能過獨立的生活。

缺陷

如上所述，諮商師認為厄妮的發展，缺乏的是支持她成長與獨立的父母親。她需要與某人建立關係，這個人可以關心她、陪伴她、接受她不同的意見、負向的感覺，以及她的差異。於是，基於這樣的觀念，諮商師在諮商開始的時候，便會以缺陷模式進行工作，於是諮商師鼓勵厄妮做自己的決定，並且長大成熟。

整合

在諮商的這個階段，個案經常會在一段期間，體會到相當失落與脆弱的感覺，當然也會有興奮，因為他們開始了解機會之門是對自己敞開的。為了改變，他們可能需要學習新的生活技巧。在這個階段，

厄妮可能需要時間適應這個世界，因為她將透過不再受到腳本信念遮蔽的眼光看待這個世界。

結束

對厄妮以及諮商師來說，這會需要一段時間，她面對的不僅是實際的，也是心理上的分離，需要關注並處理所引發的感覺與思考。

諮商歷程

接下來描述的是，厄妮與諮商師共同經歷的一段旅程。當中包含上述的不同階段，它們並非單獨分開，而是在真實的關係中出現，並且交織與混合。諮商師開啟第一個階段——關係的建立——藉由各種可能的方法澄清問題，嚴肅地對待厄妮，正視她是值得一同合作的某個人。這對厄妮來說很重要，因為她覺得過去被精神科醫師的藥丸與陳腔濫調一把推開。他們約定每週工作，一直到年底（大約還有九個月），雖然諮商師指出如果需要的話，她準備與她一起進行更久的合作。她在整個諮商過程中，持續使用同理性的交流，首先用來建立良好的關係，也同時促成再決定。

十分有趣的是，這也可以來用來觀察是否可以有效地應付厄妮的酒癮問題。諮商師要求她繼續對飲酒行為進行一週的記錄，諮商師在第二次會談時，與她一同檢驗，她則表示喝了四十個單位的酒精（一般建議婦女飲酒的安全上限是每週十四個單位）。她接著繼續表示，這麼做是因為做為一個酒鬼才可以讓人們為她感到抱歉。很清楚地，她需要可以替代的安撫，諮商師開始教育她安撫經濟學，她很快便可

以掌握。這一次會談中，他們也談到幫助她獲得工作的步驟，特別是要避免每天早上在宿醉的情況下去工作。厄妮擴展她「不傷害」的契約，包含了以任何飲酒的方式所帶來的傷害。接下來的一週，她表示已經相當顯著地減少了飲酒的量，並且訂定契約表示只飲用「合理」的量。這個顯然是「柔軟」（soft）的契約，對於顯著地減少她的飲酒問題已經夠用。諮商師相信厄妮現在感覺到來自她的關注，相當足夠取代她從飲酒以及藉由飲酒贏得朋友關注當中，所獲得的安撫。

當與她討論家庭與工作的困難時，厄妮邀請諮商師進入她「可憐我」（Poor Me）以及「沒錯，可是」的遊戲。剛開始諮商師有時候還會有所反應，經過考慮，諮商師認為單純地要求個案進行行為改變的契約應該就可以發揮作用，於是要求厄妮此刻選擇進行一件不一樣的事情。第一件事就是要求她在月底前完成訂單的付款。他們討論這樣是否合理可行（假設她仍舊堅持完成此任務，事情本來就是可行的），她可能會如何的怠惰（藉由忘記）並且預防怠惰（藉由貼在鏡子上的便條），最後則是討論將如何獎勵自己的成功。終於，她成功地完成契約，但是仍舊漠視自己，並且拒絕給自己安撫，因為完成它「是簡單的」。對於這點，她感覺到沮喪，害怕她將永遠無法改變，因為她有這麼多需要改變的地方，時間卻這麼短暫，因為她的臨時工作契約是要在六個月內結束，或者是重新修定，也因為她的內在*父母*告訴她的*兒童*應該立即找出問題來。

諮商師回應表示了解她絕望與恐慌的感覺，但是仍然堅持「一次改變一件事情」的計畫。藉由這種方法，厄妮開始處理她認為是與其他人交流，不可能的方法。這是因為她不斷地擔憂她該怎麼做才對。她檢查怎麼才能夠正確地思考所想要傳達的訊息，該如何才能在最短

時間內，仔細聆聽別人，如何、和誰以及花多少時間練習這些新的技巧。她覺察到家庭裡每天交流的儀式是多麼地僵化，以及如何地需要「正確」。她對於家庭外的程序、傳統以及期望，都有不確定的感覺。例如，她對於接受安撫有困難，發現要說「感謝你」很困難，因為她不確定這到底正不正確。這裡確實呈現一位需要予以直接社會教育的「青少年」。

在此同時，她與母親間真實卻潛在的問題開始浮現——在厄妮這部分是很勉強的。她開始說出對母親的憤怒，因為她的母親批評她不負責任，並且以接管的方式挫敗她的嘗試。在試圖與厄妮合作處理有關她的潛藏感覺與決定的工作之前，諮商師繼續初步改變行為的計畫，並且建議她選擇一件她準備要負責的事情。她想要讓自己更換自己的床單，如此，她的母親就不會在更換她的床單時，把她的房間整理得乾乾淨淨地，並介入整理厄妮房間裡散落一地的手工藝作品。厄妮花了許多星期，成功地訓練自己規則進行這項工作，她的母親於是就沒有任何抱怨的藉口，並且運用「破記錄」的果斷技巧（*When I Say No, I Feel Guilty*, Manuel J. Smith, Bantam Books, 1975）來幫助她嚇壞了的兒童站起來面對她母親的阻抗。這個技巧包括藉由肯定與清楚地重述要求，來表示已經了解到對方所說的。就在這個期間，她表示自己就像半個人一樣，並且開始認識到她讓自己如何投注於停留在當小孩。同時藉由改變行為模式，以及談論背後有關的信念與感覺，厄妮清理存在成人中的*父母*與*兒童*污染，並且發掘如果她有所選擇之後，來自成人行動的自由。

這是正向的部分。「不利」的地方在於，她經常因為她的任務顯然是無法無天，而感到絕望與傷心。她想要讓生命的許多部分改變而

自動「現身」。這當然是真實存在的障礙。就像其他許多人一樣，她偷偷地希望別人會改變，好比她的母親會愛她，她的同事會停止污衊與批判她，一個令人滿意的生涯歷程於是實現，一個男友會現身。在此同時，她也開始接受，她的母親（或許連她幽靈般的父親）從來就沒有真正如她所期望被愛的樣子愛過她：就只是為了她。她在痛苦地接受了之後，便開始了哀悼，並且放棄不論如何有一天會不一樣的希望。當厄妮進一步下工夫之後，開始揭露她母親那一部分的暴力與不可預期的行為：言語的攻擊，有時可能變成肢體攻擊，厄妮並且時常為了自己的安全感到害怕。開始諮商的三個月後，她來到了某一次會談，感覺到絕望以及非常不受到家人關心。此刻，她擴展她每週不傷害契約，定下了為期三個月的「不自殺契約」。諮商師認為潛在的問題是她自己是否願意照顧厄妮，在掙扎成為自己當中，給予自己支持。對她來說，厄妮似乎正在給自己機會，發現這樣夠不夠。她不再玩「可憐我」的遊戲，因為諮商師已經停止參與遊戲。雖然諮商師盡可能地小心，避免給她機會，但是她有時候還是玩「沒錯，可是」的遊戲。

　　此刻厄妮拓展了她的創意。當她還是個小孩的時候，便很有繪畫天份，但是她需要掙扎地面對她的挫敗，因為小孩子還沒有能力可以達到她想要創造的夢想。她被批評有「壞脾氣」，喜歡製造「麻煩」，於是她的創意因此衰微。自從離開學校之後，她再也沒有畫過一幅畫，但是她現在考慮再開始畫畫。暑假到了，他們休息一個月，一切顯得某些程度地樂觀。

　　當他們回來時，他們進入到一個新的階段。厄妮有一個愉快的暑假，參與民俗慶典，並與一群志同道合的朋友，享受假期的露營。她

現在開始集中焦點在想要離家獨立生活的期望上（先前，她已經嘗試但是一度失敗）。不管在情感上以及實際行動上，她都知道她還沒準備好要這麼做，她想要改變對母親的情感，卻很難說出口，說出既憎恨她，卻又需要她。她也因為談論母親，而感覺到對她不忠。在這個焦點上，她感到非常地失望，並且表示她認為她會放棄諮商，因為她達不到任何的目標。她隱約地暗示諮商師是沒用的，並且邀請她「為我做些事」。諮商師閃避，並邀請她談論一些生活當中美好的事情。她很高興，因為現在她的藝術課程得到A評等，並且可以享受畫些小品，以及閱讀有趣的書籍。他們對那些事情，做了簡短的討論。諮商師懷疑這些「閒聊」會不會真正對她的諮商有幫助，然而還是決定以這種方法與她的兒童連結，來幫助她解開阻礙。下一次的會談中，一開始便提到她害怕自己描述不精確，因次對她的母親來說不公平。此刻，諮商師強調他們是在處理腦海中的母親，而非生活中的真實人物，厄妮很快地直接進入到她的故事裡。她述說她如果沒有盡力討好，會有多害怕受到批評，就好像在家裡害怕受到肢體的報復一樣。她藉由懷柔的行為，避免受到攻擊，她十分了解自己和姊妹間的差異，姊妹的態度是公開地反抗。然而，如果母親攻擊得太嚴重，厄妮不僅在語言上，也會在必要時以肢體行動加以反擊。父親不曾嘗試阻止她母親的暴力行為，或者加以規勸。厄妮認為父親也害怕如果這麼做，攻擊的對象則會轉而對他。厄妮表示自己總是「感覺不一樣」，但是怎麼也無法解釋為何是如此。諮商師假設她知道自己是來自一個「不一樣」的瘋狂家庭。

諮商師在這一次的會談中，並未嘗試進一步地探討，因為厄妮需要花費一番工夫才可能深入其境。但是就在下一次的會談中，厄妮開

始述說她像一隻變色龍一樣被養大，猜測別人想要聽什麼或看什麼，戴上面具來滿足別人的需求。當下她談論自己的工作，在經過許多的對抗之後，雇主婉拒更新她的約僱契約，於是她終究必須離開該工作。她即使感到沮喪，卻已經可以運用成人處理此種情境，並在離開該工作前找到新工作。她現在擔心的是，會不會在與新同事相處時，重複著先前的行為模式，尋求懷柔，卻仍只是成功地引起他人的敵對。現在開啟了一個新的階段，一個「我是誰？」的階段。她依次地描述自己是有愛心的、雅致的，以及在本質（nature）各方面所達到的和諧，開始感覺到自我認同的一套方法。這個過程經歷好幾個月的時間。這一年所剩的時間裡，厄妮在成人的領悟與適應性兒童的無助間擺蕩。記得有一次的會談中，她表示在她的藝術課程中，比以前進步了，但是「被這個世界餵養」。她反覆述說如果事情有什麼不對的地方，那一定是她的錯，但是弔詭的是，她並沒有真正承擔責任，玩起了無助的受害者：「人是麻煩的。」運用了自我狀態分析，她認識到在她的負向父母與她的兒童之間，持續有個內在的對話（第一類型癥結）。兒童相信並且臣服於她的父母，然而卻殘酷地憎恨如此，並投射她自己的挫敗到「這個世界」。問題是如何提升她的自然兒童以及夠好父母模式，來支持她的成人。她憎恨所有來自諮商師的挑戰與建議，聽起來更像是來自父母的批評，而玩起「沒錯，可是」的艱苦遊戲——即使是與自己進行。諮商師需要她自己所有的成人覺察以及技巧，遠離拯救或者迫害的遊戲。對她來說重要的是讓所有的交流都源自於整合的成人，幫助厄妮繼續思考並且撫育她自己。

接下來的一年，問題的巨大與複雜給予厄妮壓倒性的感覺，並且她仍舊被那如果發生什麼事都是我錯的信念所束縛。她顯然需要做再

決定並且改變這個信念。諮商師似乎需要進一步地實施去污染，因為她污染的成人好像支持她的兒童信念。諮商師此刻遭遇的問題是，厄妮拒絕任何此類的工作：「我的成人了解，但是她一點用處都沒有，改變不了任何事情。」（雖然行為改變了，但是她的感覺還沒受到影響）。諮商師關心的是，如果厄妮持續如此，可能會停止前來接受諮商；而且，她如果這麼做，可能會以自殺來結束自己。在督導中，諮商師認識到她自己的無助感，也正反應出厄妮的無助感——一個典型的「平行歷程」。她肯定自己的判斷，去污染不僅需要也會有幫助，即使厄妮對它的感覺如此。她評估他們的關係足夠穩固，可以包容厄妮。在接下來的幾個星期中，他們專心於三椅工作，厄妮聰明地加以運用。她的成人支持她的兒童，並且全然地了解到她的家人如何地思考以及如何地遭受扭曲。當厄妮的妹妹過世，母親需要「讓生活過下去」，於是她成了所有壞情緒的容器，特別是傷心與憤怒。每一次她表達強烈的情緒，獲得的回應便是把她送給醫師。厄妮的傷心與憤怒由於沒有任何的作用，於是變成絕望。她記得十歲時的孤單、不快樂，以及想死的念頭。現在她知道要澄清她的思考，而且說出她的困難有多重要：「在這裡我可以做得到，但是回到那裡，卻再度混淆起來。」

厄妮似乎將諮商師的成人經驗為父母，比她腦海中的父母更為強壯。然而，有時候她仍然會不理會一切，玩起「沒錯，可是」的遊戲，但是她逐漸了解到她在這個世界裡做了些什麼。在某一次的會談中，她突然間表示：「我真的不理會一切嗎？」當他們接著分析「沒錯，可是」的遊戲時，厄妮了解到當她嘗試決定一連串的行動並且害怕出錯時，就會感覺困惑；模稜兩可或者不敢確定，會比冒險來得安

全。她也表示她覺得好像有些事情中斷她的思考，她現在了解那是因為她害怕發掘某些事情而受傷，也就是她並不喜歡自己或者家人。然而她的**父母**控訴她如果沒有充分地運用所有的會談，便是浪費時間與金錢——「指責你這樣做不對，那樣做也不對」。她對這個議題做了一些三椅工作。

厄妮（父母）：我知道什麼是對的，我比你知道得更多。

厄妮（兒童）：我不認為，為什麼你就懂得比我更多。

厄妮（父母）：這個世界就是這麼一回事。

厄妮（兒童）：（沒說什麼話，點頭，接受了）

諮商師：那不是真的，父母不一定知道得比他的小孩多，他們不會知道所有的事情。

厄妮（兒童）：（向上看，微笑）

厄妮（成人對兒童）：我知道我們可以做什麼；你可以做你需要做的事情，然後如果事情變得太過痛苦，或者你需要支持，我會喊停。

厄妮（兒童）：同意。

諮商師：同意。

去混淆與衝突的工作：他們現在已經開始建立了內在支持，這是厄妮為了表達全然地感覺所需要的。雖然如此，在下一次的會談中，厄妮不願意進行工作，要求諮商師為她負責，幾乎到了威嚇的地步。諮商師需要在她絕望時，留在她身邊。下一週，厄妮帶著所有的能力反彈，聲明她已經確定要離開家裡。這是在一場吵架之後，吵架當中

她的母親出現肢體暴力，打了厄妮，厄妮火大了。他們探索她對於家庭中所有關係的感覺，離開的可能後果，以及要這麼做的阻礙。對她來說也非常重要的是，如何讓自己避免受到身體傷害。他們現在有了一個真實的治療契約，就是厄妮引導自己的能量來完成分離。

在接下來的幾個月當中，他們處理她的內在歷程以及實際的需求。厄妮一方面表達與分享「發掘自己靈魂」的喜悅，經驗令人十分感動的時刻；另一方面也表達了照顧她的裸母過世時的深刻悲痛，這是她第一次體認到對她五歲的自我可能受到的影響。過程中，她不斷對自己的歷程有所洞察，一度建議自己增加**成人與夠好父母**模式的運用，來支持她的**兒童**以及指導她的行動。另外一次會談中，在描述了一次與民歌手友人間的意外，受到排擠以及誤解之後，她建議：「如果你感覺到被排擠，很容易會進入到一種處境，你會因此被關在外面。」這是一個對扭曲感覺簡潔有力的描述。在她覺察到這一部分時，諮商師的部分是建議她應該把這件事情依次連結到三種自我狀態，最後以**成人**的出現來成就對問題的洞察。

現在大部分的時間，諮商師的介入是提供厄妮應付困難的架構，讓她自己在該架構中以她自己的方式解決問題，並且發掘她自己的結論。當然，如果個案有足夠的能量以及承諾，這經常會是一種令人滿意的工作方式，並且可以在關鍵議題上加倍地完成分離與獨立。就現實的層面上，他們規劃厄妮如何可以完成財務上的獨立，而不要繼續向她父親借貸。他們談到生涯的各種選擇、買車、確定她可以適當地烹飪煮食。有一次的會談，幾乎都是在討論她與朋友在別人家房子裡的害怕，有關於如何與朋友保持良好關係，負責家務中責任歸屬於自己的部分。在那一次的討論之後，她興高采烈地回家，並為她處理得

很好感到驕傲。厄妮的朋友發現她的烹調十分美味，厄妮因此質疑自己過去的信念「我或者是我做的事情都是敗筆」。她很清楚地開放自己，從經驗當中學習，這對他們兩個人來說都是相當令人鼓舞的事情。有些現象顯示她現在已經成長，變得有自我價值，改變了過去對公司慣有的看法。她認為別人輕視她的感覺，她現在已經可以認識到，那大部分是自己自卑的投射，而且已經逐漸可以把它擺在一邊。

透過內在支持的建立，以及許多埋藏感覺的表達，即使沒有特殊的「再決定場景」。厄妮現在透過再決定，開始完成對她的兒童所進行的工作。這是一種相當類似宗教信仰的歷程，個體經驗漸進的信仰，而不是一種突然間的轉化。在她某一次的會談中，在走進會談室時，她以明白的態度表現出來，直接地聲明，已經對她的名字做了一次再決定，她表示：「我總是告訴人們：『我的名字叫厄妮絲汀，我喜歡被稱為厄妮。』現在我已經開始這麼說：『我的名字叫厄妮絲汀，我喜歡被稱做蒂娜。』」她的名字，加上她的外貌，令諮商師腦海誕生一幅畫面，是個具備魅力、活躍，以及優雅氣質的成熟女人。這個星期，她因為許多觀察而感到興奮，特別是對於認為別人看輕她的「妄想式的幻想」（paranoid fantasies），她可以運用成人將這個幻想擺在一旁，而且思考：「他們可能不全是這麼想的，如果是的話，那又怎麼樣？」她開始更為有把握地運用她的新態度與新行為。

蒂娜現在進入到另外一個階段，整合新決定，學習支持它們的方法，並且處理不時在壓力下便如「後座力」般再度浮現的舊腳本模式。夠諷刺的是，她的不適任父母現在對她嘮嘮叨叨，要求她監督自己，勤勉地練習新的思考習慣。蒂娜不再顯示「沒錯，可是」的跡象，因為她已經接受並運用諮商師的建議，藉由轉換為身體活動，做

些有趣的事情來提升她的自然兒童模式（她選擇彩繪襯衫並在手工藝展覽時販售），或者在心裡想像對自己的憧憬畫面等技巧來處理。有時她發現，經驗自己的感覺，並維持一種形象在心裡，會有困難。她緊抓著膽敢成為自己與成人，以及仍舊保持安全之間的兩難。她正處在一種轉換的階段，因而有如此感覺。現在，這會表現在其他人對她的反應上，特別是對於她的改名：有些人願意用新的名字，某些人則粗暴地拒絕，還有些人忽視它，但是有些人在某些時候會用她的新名字。逐漸地，她學習到當舊的模式浮現時，如何加以處理，並非過度努力嘗試要反駁每一個模式，而是去探索它或者忽略它而繼續前進。因為某些環境的因素，兩度延長會談頻率為兩週，現在他們則同意讓這樣的頻率成為常態，因為以這樣的頻率，蒂娜已經處理得很好。這也給她更充裕的時間，因為要前來接受諮商得花她一整個晚上的時間，整整一個小時的車程，而她現在正享受著幫助一群女童軍的樂趣。

　　蒂娜表示她感覺此刻並沒有迫切的需求，需要離開工作去上大學，她發現可以順利掌握，甚至享受工作的愉快；她也不再擔心是不是要交一位男朋友，因為她的社交生活十分地充實愉快。然而，她的確想要搬離父母的房子。為了她的藝術與工藝計畫，她需要更多的空間，現在她已經具備了需要的技巧，感覺到已經做好準備。雖然覺察到失去了家的舒適與安全，並且有點害怕孤單，但是她十分願意投入，並證實她可以處理好，因為她相信可以做得到。經過幾個星期的尋找與調查，她最後找到一個分租的大房間，十分吻合她在空間、有個夥伴以及方便工作等等的需求。現在，她面對一個初期感覺到陌生，以及在新環境中相當孤單的感覺。藉由提醒自己環境有可能會有

這樣的狀況，蒂娜處理這肯定會出現的垂頭喪氣，同時她並沒有落入沮喪。相反地，她專心整理自己，並且與其他的室友建立適當的關係。事實上，她可以被認為是保持「在壓力下的穩定」，對於是否真正改變的酸鹼試驗。很快地，她再度有了好的感覺，愉快地工作與休閒。現在因為女童軍團長出缺，她暫時負責女童軍團的工作，並且熱情地參與所有她為那些女孩子們所開辦的活動。稍後不久，她被邀請擔任女童軍團團長的職務，相當符合她能力的職務。在她搬家之後的一個星期，她表示感覺到生命好像有了一頁的翻轉，脫離「兒童時期」章節的最後一頁，開啟「成人生活」的新章節。

現在，諮商師與蒂娜判斷她將很快地準備好結束諮商：他們不應該突然中斷，而是應該減少會談的頻率，如此在她展翅飛翔時還可以感覺到支持。當然同時對她來說也是一種離家的平行歷程。她已經進入一個年輕人的社會圈，大家在酒吧見面，並且注意到自己有時候還是會傾向於掉到舊模式中，以喝酒來引人注意。她雖然認為自己可以不這麼做，但是她了解到自己現在真的想要一位男友，而在這個新的環境中，她有相當多的機會。

在同一次的會談中，蒂娜說明她改變從外部獲取資源的證據。「很有趣，你知道的，我現在離開家裡，我媽都不一樣了。當我偶而去看她的時候，她待我就像對待其他人一樣。事實上，我們就像成人對成人一樣對話」。她繼續提到她母親已經願意幫她為女童軍的工作，做些打字或者其他的一些事情，因為她對於只做家事而沒有任何其他的事情，已經感到無聊。諮商師私底下懷疑她的母親是否嘗試要再度控制她，但是蒂娜高興地表示，她計畫邀請她的母親去擔任女童軍「興趣徽章」的評審，考核女童軍扮演女主人與管家的水準。多麼

美妙的角色轉換！她也提到一位之前在工作場合上對她相當防衛也不合作的老女人，現在卻成為一位好同事，友好地分擔工作。環境也的確因為蒂娜改變而逐漸變化。有位朋友在新年舞會中歸納：「自從你改了名字之後，你真的改變了；改名一定帶來不少改變。」蒂娜擠眉弄眼、露齒而笑，表示由衷的感謝，因為她歸功於諮商師的幫助。在這次會談結束時，他們同意每個月見面一次。諮商師也要求獲得她的同意，運用她做為個案研究的案例，蒂娜也為這進一步的實證論述感到快樂，因為她感覺到自己的價值。

蒂娜現在已經完成所有的契約。如稍早所描述，停止喝酒幾乎在諮商一剛開始就形成問題，當時她約定好只喝合理的量。在完成了六個月的工作契約，她為自己找到一份更好的工作，並且持續做了十八個月，比她之前任何的工作都做得更久。雖然辦事員的工作本身並不是那麼有發展性或者令人滿意，但是對蒂娜來說，身處其中的確有助於發展與同事相處的技巧。她計畫繼續留在那裡一年或兩年，期間可以繼續穩固她的個人成長、工作記錄以及財務。嚴肅地考慮在那之後她想要的的教師生涯，她現在期望可以在沒有父母親資助學費下，以一個成熟的學生進到大學。她的另外一個原始契約是學習以直接的方式要求她所要的東西。這的確需要學習，因為她沒有從父母當中的任何一位，學習到這樣的模式。她現在大部分都可以直接要求，當她沒有這麼做的時候，也可以很快地覺察到。

最後，成為之後所有工作焦點的自主契約，就是成就分離與獨立，事實上就是成為她自己。蒂娜實際已經達成這點，離開家庭獨立生活，結交新朋友與發展新興趣，同時維持之前的朋友關係與興趣。諮商師自己的目標就是幫助蒂娜達成這些約定。她比對所完成的工作

與原先的評估。她定義蒂娜的問題包括共生、再決定以及腳本。她相信蒂娜已經解決了共生的問題，試驗並證實了照顧自己的能力，離開家庭並且不再期望獲得母親的認同與指導。她也放棄了所有事情發生都是她的錯的信念，並願意對任何處於未完成狀態的事務，以及為了讓事情上軌道，承擔屬於她那一部分責任。至於腳本的問題，她不再生活在恐懼讓她母親不高興的狀態，而是面對她自己的生活；她覺察到她不時想要討好，「讓事情都對」，並且提醒她自己不需要繼續如此。

她現在由對自己與他人的基本信任開始，跨越了 Levin 與 Erikson 所提出的另外一個階段，發展出自己的真實認同。諮商師現在有了對蒂娜的明確「感覺」，一個活潑的年輕成人，與兩年前呈現出青少年困擾的樣子大大不同。外面的世界顯然以類似的眼光看待她。他們已經跨越諮商的不同階段，包括混淆、衝突、缺陷工作以及關係建構。這些成就當中，最根本重要的是關係，不僅是諮商的關鍵基礎，也是進入其他階段的途徑。

蒂娜花了幾個月的時間，整合新信念與行為到她的生活中，寫作本書時，她還持續諮商並將入結束階段。她將會繼續每個月與諮商師見面，期間她則練習她的新生活，並且拓展她的支持網絡。當她準備好做最終的結束時，她會獲得資訊，了解未來如果有需要任何協助，她都可以再「登記」。他們也將在彼此尊敬與滿足的感受下分手。

❀後記❀

　　我們對能一同寫作這本書，感到非常地高興。我們分享許多美好的時光，彼此討論，對於交流分析有更深的洞察與理解，也因此可在我們的諮商當中更為駕輕就熟。

　　我們希望你們也會享受閱讀這本交流分析的入門書籍，我們發現，它對於你們，以及個案都會有幫助。我們很歡迎你們提供看法與意見；請寫信到 Winslow Press 的住址給我們。

　　我們在這裡建議進一步的相關讀物，以及某些機構的地址，如果您有興趣，可以進一步加以運用。

❀ 建議相關讀物 ❀

Berne E, *Transactional Analysis in Psychotherapy*, Grove Press, New York, 1961, 1966.

Berne E, *The Structure and Dynamics of Organizations and Groups*, J. B. Lippincott Co, Philadelphia, 1963; Grove Press, New York, 1966; Ballantine, New York, 1973.

Berne E, *Games People Play*, Grove Press, New York, 1964; Penguin, Harmondsworth, 1968.

Berne E, *Principles of Group Treatment*, Oxford University Press, New York, 1966; Grove Press, New York, 1966.

Berne E, *Sex in Human Loving,* Simon & Schuster, New York, 1970; Pengiun, Harmondsworth, 1973.

Berne E, *What Do You Say Hello After You Say Hello?*, Grove Press, New York, 1972; Corgi, London, 1975.《語意與心理分析》，台北：國際文化。

Berne E, *Intuition and Ego States*, TA press, San Francisco, 1977.

Clarkson P, *Transactional Analysis Psychotherapy: an integrated approach*, Tavistock/Routledge, London & New York, 1992.

Goulding M & R, *The Power is in the Patient*, TA Press, San Francisco, 1978.

Goulding M & R, *Changing Lives Through Redecision Therapy*, Brunner/

Mazel, New York, 1979.《再生之旅》，台北：心理出版社。

James M, *Techniques in Transactional Analysis*, Addison-Wesley, Reading, Mass., 1977.

James M, *Breaking Free: self-reparenting for a new life*, Addison-Wesley, Philippines, 1981.

James M & Jongeward D, *Born to Win: transactional analysis with gestalt experiments*, Addison-Wesley, Reading, Mass., 1971.《強者的誕生》，台北：遠流出版公司。

Steiner C, *Script People Live*, Grove Press, New York, 1974.

Stewart I, *Transactional Analysis Counselling in Action*, Sage, London, 1989.

Stewart I & Joines V, *TA Today: a new introduction to transactional analysis*, Lifespace Publishing, Nottingham, 1987.《人際溝通練習法》，台北：張老師文化。

Wollams S & Brown M, *Transactional Analysis*, Huron Valley Institute, Dexter, 1978.

Wollams S & Brown M, *TA: the total handbook of transactional analysis*, Prentice-Hall, Englewood Cliffs, 1979.

❇ 交流分析組織的地址 ❇

The European Association for Transactional Analysis (EATA)

Les Toits De l'Aune Bat. E, 3 rue Hugo 'Ely,

F-13090 Aix-en-Provence, France

Website: www.eatanews.org

E-mail: info@eatanews.org

The Institute of Transactional Analysis

6 Princes Street, Oxford OX4 1DD

Website: www.ita.org.uk

E-mail: admin@ita.org.uk

The International Transactional Analysis Assocation

436 14th Street, Suite 1301, Oakland, California, 94612-2710, USA

Website: www.itaa-net.org

E-mail: itaa@itaa-net.org

metanoia Psychotherapy Training Institute

13 North Common Road, Ealing, London W5 2QB

Telophone: 020 8579 2505

Website: www.metanoia.ac.uk

E-mail: info@metanoia.ac.uk

metanoia Psychotherapy Training Institute 是上述各組織的會員，提供交流分析的入門與進階訓練與督導課程，同時也提供個別與團體諮商與心理治療。它也是 United Kingdom Council for Psychotherapy 的成員。

✿ 交流分析主要概念索引 ✿

國家圖書館出版品預行編目資料

交流分析諮商／ Phil Lapworth, Charlotte Sills, Sue Fish 作；
江原麟譯.--初版.--臺北市：心理, 2004（民 93）
面； 公分.--（輔導諮商；49）
含索引
譯自：Transactional analysis counselling
ISBN 957-702-739-3（平裝）

1.心理治療 2.諮商

178.8 93019286

輔導諮商 49　　**交流分析諮商**

原　作　者：Phil Lapworth, Charlotte Sills, Sue Fish
譯　　　者：江原麟
執 行 編 輯：李　晶
總　編　輯：林敬堯
發　行　人：邱維城
出　版　者：心理出版社股份有限公司
社　　　址：台北市和平東路一段 180 號 7 樓
總　　　機：(02) 23671490　傳　真：(02) 23671457
郵　　　撥：19293172　心理出版社股份有限公司
電子信箱：psychoco@ms15.hinet.net
網　　　址：www.psy.com.tw
駐美代表：Lisa Wu　tel: 973 546-5845　fax: 973 546-7651
登　記　證：局版北市業字第 1372 號
電腦排版：龍虎電腦排版股份有限公司
印　刷　者：東縉彩色印刷有限公司
初版一刷：2004 年 11 月

讀者意見回函卡

No. _____   填寫日期：　年　月　日

感謝您購買本公司出版品。為提升我們的服務品質，請惠填以下資料寄回本社【或傳真(02)2367-1457】提供我們出書、修訂及辦活動之參考。您將不定期收到本公司最新出版及活動訊息。謝謝您！

姓名：_____　　性別：1□男　2□女

職業：1□教師 2□學生 3□上班族 4□家庭主婦 5□自由業 6□其他____

學歷：1□博士 2□碩士 3□大學 4□專科 5□高中 6□國中 7□國中以下

服務單位：_____　部門：_____　職稱：_____

服務地址：_____　電話：_____　傳真：_____

住家地址：_____　電話：_____　傳真：_____

電子郵件地址：_____

書名：_____

一、您認為本書的優點：（可複選）

　❶□內容 ❷□文筆 ❸□校對 ❹□編排 ❺□封面 ❻□其他____

二、您認為本書需再加強的地方：（可複選）

　❶□內容 ❷□文筆 ❸□校對 ❹□編排 ❺□封面 ❻□其他____

三、您購買本書的消息來源：（請單選）

　❶□本公司 ❷□逛書局⇨_____書局 ❸□老師或親友介紹

　❹□書展⇨____書展 ❺□心理心雜誌 ❻□書評 ❼其他_____

四、您希望我們舉辦何種活動：（可複選）

　❶□作者演講 ❷□研習會 ❸□研討會 ❹□書展 ❺□其他____

五、您購買本書的原因：（可複選）

　❶□對主題感興趣 ❷□上課教材⇨課程名稱_____

　❸□舉辦活動　❹□其他_____　　　（請翻頁繼續）

廣 告 回 信
台 北 郵 局 登 記 證
台 北 廣 字 第 940 號

（免貼郵票）

心理出版社 股份有限公司

台北市 106 和平東路一段 180 號 7 樓

TEL: (02) 2367-1490
FAX: (02) 2367-1457
EMAIL:psychoco@ms15.hinet.net

沿線對折訂好後寄回

六、您希望我們多出版何種類型的書籍

　❶□心理　❷□輔導　❸□教育　❹□社工　❺□測驗　❻□其他

七、如果您是老師，是否有撰寫教科書的計劃：□有□無

　書名／課程：＿＿＿＿＿＿＿＿＿＿＿＿＿＿＿＿＿＿＿＿＿＿

八、您教授／修習的課程：

上學期：＿＿＿＿＿＿＿＿＿＿＿＿＿＿＿＿＿＿＿＿＿＿＿＿＿

下學期：＿＿＿＿＿＿＿＿＿＿＿＿＿＿＿＿＿＿＿＿＿＿＿＿＿

進修班：＿＿＿＿＿＿＿＿＿＿＿＿＿＿＿＿＿＿＿＿＿＿＿＿＿

暑　假：＿＿＿＿＿＿＿＿＿＿＿＿＿＿＿＿＿＿＿＿＿＿＿＿＿

寒　假：＿＿＿＿＿＿＿＿＿＿＿＿＿＿＿＿＿＿＿＿＿＿＿＿＿

學分班：＿＿＿＿＿＿＿＿＿＿＿＿＿＿＿＿＿＿＿＿＿＿＿＿＿

九、您的其他意見

謝謝您的指教！

21049